U0902557

货币之惑

华尔街复苏与美国经济萧条的逻辑

THE SCANDAL OF MONEY:

WHY WALL STREET RECOVERS BUT
THE ECONOMY NEVER DOES

[美] 乔治·吉尔德
（George Gilder）
著
/
姜井勇
译

中信出版集团 | 北京

图书在版编目（CIP）数据

货币之惑：华尔街复苏与美国经济萧条的逻辑 /（美）乔治·吉尔德著；姜井勇译 . -- 北京：中信出版社，2019.7

书名原文：The Scandal of Money: Why Wall Street Recovers but the Economy Never Does

ISBN 978-7-5217-0380-1

I. ①货… II. ①乔… ②姜… III. ①货币体系—研究—美国 IV. ① F827.121

中国版本图书馆 CIP 数据核字（2019）第 067622 号

The Scandal of Money by George Gilder
Published by arrangement with Regnery Publishing
Simplified Chinese rights arranged through CA-LINK International LLC

货币之惑——华尔街复苏与美国经济萧条的逻辑

著　　者：[美] 乔治 · 吉尔德
译　　者：姜井勇
出版发行：中信出版集团股份有限公司
（北京市朝阳区惠新东街甲 4 号富盛大厦 2 座　邮编　100029）
承 印 者：北京诚信伟业印刷有限公司

开　　本：880mm × 1230mm　1/32　　印　　张：8.25　　字　　数：120 千字
版　　次：2019 年 7 月第 1 版　　印　　次：2019 年 7 月第 1 次印刷
京权图字：01–2019–2523　　广告经营许可证：京朝工商广字第 8087 号
书　　号：ISBN 978–7–5217–0380–1
定　　价：58.00 元

服务热线：400–600–8099
投稿邮箱：author@citicpub.com

献给我六十年来的朋友、向导布鲁斯·查普曼

所有货币之恶的来源和根源都在于

政府对货币的垄断和控制。

——弗里德里希·哈耶克

目　录

序言 赢得辩论

人类并非根据某个事先给定的宽泛的选项目录做出选择来建基立业；相反，通过创造新技术，我们改变了整个世界。

——彼得·蒂尔（Peter Thiel），《从 0 到 1》

保守派是否将赢得这场马上到来的经济辩论？美国的未来取决于此。如果我们胜出，那也属情理之中。我们拥有最好的经济理念，它们同民主自由和美国梦相辅相成。美国经济处境艰难，在巴拉克·奥巴马两届总统任期结束之后，民主党成了主要的替罪羊。

在一场类似于 2008 年金融危机的冲击过后，美国经济开启了7年的繁荣。“丰收的7年”（seven fat year）是罗纳德·里根总统的遗产，他入主白宫时美国正面临“冷战”的挫败和利率飙涨，通货膨胀、“不安情绪”、失业和贫困蔓延。[1]通过换汤不换药地采取类似的政策，以及对里根在第二届任期内提高资本所得税率的纠正，比尔·克林顿总统在其任期内交出了一份延续7年的繁荣的成绩单。

民主党现在必须回答以下问题：为什么美国遭受了长达7年（且仍在持续）的增长饥荒——近100年以来最漫长的复苏进程？为什么就业增长速度慢于就业数量减少的速度，而且还经历着自“大萧条”以来最小的工资涨幅、最大的收入和财富差距？为什么生产率增长数据处在65年来的低点，降到了“二战”后平均值的1/4以下，且新创企业实际上正在减少？

特别是，如果民主党执政有方，为何我们的年轻人比以往的同代人意志更加消沉？为什么在把“全职工作”的时间缩短至每周30小时后，实际青年失业率仍高达25%~35%？为什么期待一个创业型的未来的年轻人比以往更少，投身商海创办他们自己的公司？[2]

2016年，我们面对的危机是对资本主义和自由的根本性挑战。7年的挫败是否会使美国跌入更大的深渊？或者，会不会出现新经济学的一个生动案例，它足以说服普通美国人更新自己对自由的信念？想赢得总统选举，就必须在这场辩论中胜出。为什么在7年的奥巴马经济之后，普通美国工薪阶层面临的是一个不断下降的生活水平？

对民主党而言，答案很简单。全球金融危机肇源于共和党主政时期，奥巴马总统只是被动接受而已。金融危机使美国陷入了一场“大衰退”，其特征是财富分配的严重扭曲。据估计，7年多来银行业者获得了5万亿美元的奖金，而失业率却在成年劳动力比例不断下降的同时，飙升至10%以上。[3]

他们认为，和历史上的绝大多数金融危机一样，这次危机也需要政府采取积极的干预措施，比如扩大失业津贴和财政刺激。但3年多内高达8000亿美元的财政刺激，还不到经济体量的2%。同往常一样，当出现大范围的银行挤兑和金融混乱时，美联储必须充当“最后贷款人”，这必然会导致政府债务的膨胀。更新对系统性风险的管制也很有必要。但是，相比于其他国家，且考虑到美国GDP（国内生产总值）位居世界第一，我们的债务水平仍在可控的范围之内。在奥巴马任内，创纪录的股票市场和坚挺的美元走势进一步确证了政府采取积极经济管理政策带来的影响。

共和党以不无迷惑的质疑对上述主张做出了回应。然而，民主党的主张大多数是对的。由于经济辩论主要围绕反映美国 GDP 增长和金融市场复苏相对于其他国家和市场复苏情况的通常指标展开，民主党显然可以固守己见。他们认为，一个由再分配税和支出政策促成的更平衡的经济，将能缩小越来越大的贫富差距。它能消除中产阶级一触即发的焦虑和低收入群体无所作为的状态。

共和党要想获胜，就必须先赢得辩论。眼下，他们有点挣扎，许多人试图逃避经济挑战。受到媒体和学术界的惊吓后，他们在面对未来最具破坏性的威胁时畏缩不前。尽管共和党拥有可能比以往更熟练和善辩的发言人，但他们早已习惯于自里根时代以来就一成不变的陈词滥调。虽然他们提供了鼓舞人心的故事，却丧失了更宏伟的视野。

共和党一直拘泥于自哈丁[①]和柯立芝[②]时代以来的减税提案，降低税率和简化征税程序无疑迫在眉睫。但再一次地，他们没有提到处于衰退中的全球经济的关键问题，即经济精英对不可避免的和难以治愈的滞胀的共识。我们并未正视美联储在控制增长上成了一个“失败之神”（a god that has failed）的事实。

---

① 沃伦·哈丁（Warren Harding，1865—1923），共和党人，美国第 29 届总统。——译者注

② 卡尔文·柯立芝（Calvin Coolidge，1872—1933），共和党人，美国第 30 届总统。——译者注

大辩论

2015 年 7 月中旬，在拉斯韦加斯举办的自由主义年度聚会“自由狂欢节”（FreedomFest）上，举行了一场人们期待已久的大辩论。参与辩论的双方分别是自由主义经济学的杰出代表、《纽约时报》最受欢迎的专栏作家保罗·克鲁格曼（Paul Krugman），和美国传统基金会（Heritage Foundation）首席经济学家、前《华尔街日报》最受欢迎的专栏作家史蒂夫·摩尔（Steve Moore）。

这场辩论几乎具备了所有元素：《纽约时报》对阵《华尔街日报》，长春藤盟校和主流媒体对阵福克斯新闻和美国传统基金会，学院派自由主义者对阵供给侧智囊团积极分子，自由主义经济学最负盛名的传声筒对阵自由主义的捍卫者科赫兄弟（Koch brothers）。所有这些都满足了一大批公众的好奇心，许多媒体和其他各界人士也集合在拉斯韦加斯翘首以待。

辩论的主题是“我们如何恢复所有人的美国梦？”这也是 2016 年美国总统大选的核心问题之一。不过，对这场辩论的许多出席者而言，最直接的刺激是想见证克鲁格曼这个政府支出、税收、债务和监管的著名鼓吹者将会如何蒙羞，因为摩尔被认为有望获胜。在9年来可能多达十几场涉及广泛经济话题的自由狂欢节的辩论中，表现光鲜的供给派学者从未落下风。他们往往是辩论舞台的主导者。他们对论点如数家珍，引用数据时游刃有余，善于戏剧性地揭示令人眼花缭乱的图表内涵，最后向公众展示有说服力的结论。他们成了自由狂欢节的灵感之一。相比之下，克鲁格曼则显得缄默和低调许多。

摩尔确实取得了压倒性的胜利，获得了大多数观众的选票。但是，自由狂欢节的主持人、经济学家马克·斯考森（Mark Skousen）大胆地召集了一轮进一步的投票，以确定两人之中谁更能改变绝大多数人的观念。根据这个标准，克鲁格曼赢了摩尔。如果保守派在自由狂欢节的经济辩论上不能明显获胜，我们又如何赢得2016年11月尤为重要的经济问题投票？

看起来有点迷茫和被泼了冷水的摩尔，在第二天的早餐会上谈到了前一天的辩论。虽然摩尔有许多图表想进一步展示，但这对补充他在前一天辩论中的论点并无新意。考虑到形势严峻的持续性经济停滞，为何眼下保守派和自由派要赢得同自由主义经济学的辩论会有这么难？

自由狂欢节的观众似乎被克鲁格曼论点的威力震慑住了。在摩尔拿当前美国经济的低迷停滞和里根时代富有活力的三年转机做比较时，克鲁格曼抛出了世界各国的大趋势。历史上看，所有国家从严重的金融危机中复苏的过程都是非常缓慢的，特别是当它们不能降低利率时；而奥巴马正式主政时美国的利率已接近于零。[4] 里根从保罗·沃尔克（Paul Volcker）① 的高利率政策中受益匪浅，因为它中断了通货膨胀趋势，为推动经济增长提供了一把强有力的杠杆。奥巴马则继续沿用小布什的政策，小布什上台后决心推动保守主义议程，降低税率，严控除军事开销外的其他政府支出，并且任命了许多符合放松监管目标的监管要员。但是，在经历几年以房地产和银行业泡沫为特征的步履蹒跚的增长后，其结果便是 2007 年的一场灾难性崩溃。

克鲁格曼称，不必担心政府支出问题。在他生动的图表中，那些摆脱 2008 年衰退的国家或多或少同它们增加政府支出成正相关。奥巴马主政下的美国是世界上经济表现最好的国家之一，仅次于中国。但中国如今也面临增长趋缓。通过对比近几任美国总统主政时期的经济增长率，克鲁格曼表明，所谓的“增税者”比尔·克林顿是遥遥领先的优胜者，里根次之，奥巴马排名第三，老布什和小布什则位列

① 保罗·沃尔克，美国著名经济学家、政治家，1979 年 8 月—1987 年 8 月任美联储主席，对结束美国 20 世纪 70 年代和 80 年代初的高通胀率起到了重要作用。——译者注

最后。克鲁格曼承认，单是税收政策并不足以解释这一比较数据。但是，积极有为的政府很可能不是美国梦最终的主要敌人。

克鲁格曼认为，2008 年金融危机爆发后保守派和自由派对经济前景的预测提供了一个重要的验证。正如他指出的那样，当时几乎所有人都预料，政府支出和债务的大幅增长将导致恶性通货膨胀和利率上升，而这会使美元陷入崩溃并严重拖垮美国经济。许多人预测中国会大举抛售美元。这些预测仍然回荡在 2015 年的自由狂欢节上，而且似乎掷地有声。到处都在预言美元濒临末日。

但正如克鲁格曼温和地指出的，在奥巴马主政 6 年多后，所有这些预测均被证明是错的。美元的价值实际上一直在飙升，股市也接近历史高位，利率则仍在历史低点徘徊。

在这场辩论后的早餐会上，一个共识是，只要再给摩尔半个小时，他最终将明显占据上风。摩尔不仅有更多图表可供展示，而且克鲁格曼在 2003 年发表的一个致命观点中，呼吁美联储主席本 · 伯南克（Ben Bernanke）刺激一轮“房地产泡沫”（这果然变成了现实）。摩尔一定很想知道克鲁格曼会对此做何解释。或许保守派的经济主张一切无虞，又或许它所欠缺的一些基本要素亟待完善。

“经济人”的共同神话

争论双方都遗漏的最重要的问题是，为何据称“可怕”的经济工具没有能解决主街（Main Street）[①] 的士气低落、华尔街的堕落无为，以及硅谷革命性创新的萧瑟低迷。当资本和深层知识流入有效的创业渠道后，主街和普通美国家庭的机会将会增加。华盛顿、华尔街精英和硅谷不断增加的政治摇滚明星之间的亲密关系圈，虽然可能会使百分之一的人变得富有，但是对整个国家而言却弊大于利。

在 2015 年杰克逊·霍尔小镇（Jackson Hole）召开的美联储共和党和自由派批评者峰会的演讲中，史蒂夫·摩尔断言，一场可以同里根“丰收的 7 年”相比的经济复苏，原本能使今天的 GDP 增加约 4.5 万亿美元，并且使 2015 年——2008 年危机过去 7 年后——的平均个人收入提高约 1.5 万美元。摩尔坚称，有了这每年额外的 4.5 万亿美元，我们将能满足任何对安全网和美好社会的合理需求。

确实，许多民主党知识分子把这样的增长视为对地球的不公正的负担，它危害了气候，增加了富人的收入，却只给

① 主街是美国包括各个行业在内的实体经济的统称，是与代表金融行业的华尔街相对的一个概念。——编者注

穷人提供了微不足道的福利，使国家充斥着毫无价值的小修小补。

但是，在这种文化冲突的背后，供给派凯恩斯主义者和坚定的社会主义者与保守派之间，共同持有以下四个基本信念：（1）经济主要是一套促进就业、储蓄和投资的激励体系；（2）经济和货币政策具备激励和引导增长的能力；（3）消费支出实现了“70%的经济增长”，是经济扩张的驱动力；（4）人类作为激励的理性应对者，在经济体系中居于核心地位。“经济人”（Homo economicus）对胡萝卜和大棒做出回应，响应刺激并像斯金纳箱（Skinner Box）①中的小白鼠那样机械地追求快乐。

不管你是把这样的“经济人”赞誉为兰德式的英雄主义个人，还是可怜他只是资本主义机器中一个毫无人性的钝齿，或是把他归入“怪异的消费主义文化”，都无关紧要。不管你是从“左”慢慢靠“右”还是从“右”慢慢靠“左”

---

① 斯金纳箱是新行为主义心理学创始人之一伯尔赫斯·斯金纳（Burrhus Skinner，1904—1990）为研究操作性条件反射而设计的实验设备。箱内放进一只白鼠或一只鸽子，并设一杠杆或按键，箱子的构造尽可能排除一切外部刺激。动物在箱内可自由活动，当它压杠杆或啄按键时，就会有一团食物掉进箱子下方的盘中，动物就能吃到食物。斯金纳通过该实验提出了操作性条件反射理论。——译者注

分析他，你都是在处理作为其所处环境的被动工具，而非富有想象力的积极创造者。

从左、右两派角度来看，流行的经济模式都是错误的。推动今日美国就业和财富增长及进步和生产率提高的，并不是消费欲望、社会项目、高速公路基础设施、教育补贴或特朗普大厦的展示馆，而是半个世纪以来信息技术创造力的大繁荣，包括电脑、微芯片、软件、通信和网络应用等等。这些创新从农业部门扩散至医疗行业和政府部门等所有的经济领域，使商品和服务销量每增长一倍，价格至少下降 1/3，它们贡献了 60% 的美国股市市值。

信息技术使苹果和谷歌成了拥有最大市值的全球最具价值的公司。它们直接提供了约 17% 的就业岗位，并间接提高了其他大部分人的收入。它们深刻影响了医疗、能源、零售、金融、娱乐和国防等行业。它们提供了效率，以平抑因受政府管制商品和服务范围的不断扩大而被扭曲和上涨的价格，涉及领域包括教育、医疗保健、银行业、频带宽度、住房市场和社会服务等等。

但是，流行的经济理论却不能较好地解释这种创造性的创新高潮。在政客们心照不宣的模型中，增长源于不断扩张的人口、增量投资、物力资源、政府基础设施和教育，而所有这些均受“怪异的永不知足的消费文化”，即总需求的刺激。物价下行并非可创造出新财富的学习曲线的证据，而是令人畏惧的“通货紧缩”的信号。创新和创造力是外生的，它们来自经济体的外部，且主要来自政府计划和依托政府的大学院校。

在这些观点的核心，你会发现那个可敬但又虚构的生物——经济人，也就是对其所处环境做出反应的理性的追求享乐者。一个更合适他的名字可能是“消费人”（Homo sumptuarius），即享乐主义者；他的经济抉择反映了他的自利倾向和享乐欲望。经济理论家不无讽刺地把任何超过最低生存需求的人类动机、野心抱负和创业精神描述为贪婪。由于“经济人”或“消费人”永远不可能构建那些新的计算机系统架构，发现生物肽或者设计无线网络，我们告诉那些做出这些贡献的企业家事实上他们“并未做出什么贡献”。

奇怪的是，“经济人”并不是一个左派概念。许多保守派人士把穿戴印有亚当·斯密名字或头像的领带，作为他们崇敬这位经济学鼻祖的标志。但是，亚当·斯密却是经济本身就是一台“大机器”这种思想——受工业革命时期蒸汽机、扣针厂和其他机械装置的启发——的源泉。斯密称，每一个钝齿和齿轮均能完美地适应它的角色和用途。更何况，理性的追求享乐的“经济人”远比一个钝齿或齿轮更有创造性或更加见多识广。凯恩斯主义经济学家把这台

“大机器”转变成了需求、供给和货币大量聚合物之间的相互作用。

以弗雷德里希·哈耶克（Friedrich Hayek）和路德维希·冯·米塞斯（Ludwig von Mises）为首的奥地利学派经济学家，对于上述问题表现得最为警惕，他们煞费苦心地为人类创造力和企业家精神、“机会搜寻”和套利者寻找一席之地。[5]然后，他们把这一切解释为“自发秩序”的函数，自发秩序将明显限制人类去发现价格差异，或“装配和重组化学元素”以恢复系统“均衡”。这样一来，我们就又回到了像牛顿银河系的恒星和行星那样确定的井然有序地运行着的“大机器”思想。

近些年来，一些行为经济学的先驱——以心理学家丹尼尔·卡尼曼（Daniel Kahneman）和阿莫斯·特维斯基（Amos Tversky）为首，已经通过挑战我们对“经济人”假设的信念引起了轰动。[6]卡尼曼还荣膺了2002年诺贝尔经济学奖。但足够令人惊奇的是，通过否认使得机器正常运转及其结果恰如人意的理性，行为主义学家只是以进一步削弱它的方式质疑了“经济人”的概念。

假定的理性“经济人”被证明具有“偏差”和习惯性的思维模式，他们会锚定之前的投入和价格，将以往经验过度沿用到未来，对损失做出过激反应，并且屈从于具有误导性的情境线索。（难道之前没有人知道这点吗？）所有这些行为都会导致经济参与者做出错误的决策，损害他们对于“大机器”的效用。偏差、锚定、过激反应和狂躁等，会扭曲市场并造成危险的失衡。随后，“大机器”运转失调、“看不见的手”痉挛性地抖动、经济衰退、崩溃、恐慌和大萧条便会接踵而至。在这样的市场上，正义和增长均会遭到挫败。因此，正义必须依靠外部专家、权威和教授来强制推行，而他们很多时候只是把正义简单处理成一个取决于嫉妒的分配公平问题。

这些理论全都不能对技术创新做出多少有用的解释。为了解释集成电路、激光、无线频谱、地球同步卫星、网络软件堆栈、光纤线路、多聚酶链式反应（PCR）、ATM、碳纳米管、除纤颤器或者智能手机电视电脑，你必须极具想象力地跳到一个分层的宇宙，诉诸一个远远超越任何确定性的“大机器”、行为偏差，或供给和需求之间相互作用、相互影响的理论。

民主党政客在这些问题上很容易受到诟病，因为他们只是把创新当成一个有关公正的问题来对待。他们煞费苦心地拒绝信贷主角的信贷需求，正如巴拉克·奥巴马和伊丽莎白·沃伦（Elizabeth Warren）咆哮说，“不是你一个人建立的”（You didn’t build that）[①]。他们以及比尔·克林顿总统的劳工部长罗伯特·莱克，和绝大多数大学教职员工都坚持认为，今天的技术创新只可以同20世纪50年代美国国防部高级研究计划局（DARPA）或《国家州际及国防公路法案》（NIDHA）某些不知名的研究项目成果比一比。伯尼·桑德斯（Bernie Sanders）企图推动投资税率提高到4倍，从而掠走90%的创新收益。希拉里·克林顿则鼓吹将资本所得税率提高到两倍。

绝大多数民主党人将机器人和其他前沿计算机技术视为“就业杀手”，而非工作创造者，这好比工人效率低的话，就需要雇用更多的工人一样。他们把能源生产看作一种污染源，将受到环境保护署（EPA）的抑制。他们正在把网络变成受联邦通信委员会（FCC）管制的缺乏创新并且容易遭到诉讼的公用事业公司。他们正在使银行变质为联邦储备委员会的守护者，也就是说，银行正在变成政府的第四部门。所有这些民主党的政府扩张举措，都会阻碍创业型的就业创

---

① 2012年7月中旬，美国总统奥巴马竭力推动向富人增税时称：“If you’ve got a business，you didn’t build that. Somebody else made that happen.”（如果你拥有一家公司，这家公司不是你一个人建立的，其他人也有功劳）。这句话的本意是说，富人的成功也应部分归功于其他美国人和美国政府，后来则被比喻为当事人在态度不耐烦时，不愿公开对某事做出过多解释。——译者注

造。它们构成了对中产阶级家庭经济福利的主要威胁。

为了实现繁荣，硅谷、主街和华尔街必须通力合作，携手并进。但是，我们对美联储有能力通过操纵其垄断货币使经济增长步入正轨的错误观念，已经导致华尔街被华盛顿“俘获”以及随之而来的主街饥荒和硅谷衰败。要理解当前经济危机的真正根源，我们必须放弃美联储拥有所有问题答案这个观念，这对于获得政治上的胜利和重建美国梦都至关重要。

第 1 章

美国梦与美元

美国梦出现危机并非一件小事。它是一个激励今天并将美国未来带入我们所愿的梦想，是一种今日的工作和节俭将换来明日繁荣和进步的世界的信念。在这个世界里，储蓄意味着舒适的退休生活，我们的孩子有望在充满机会的新领域里享有光明的前途。

垄断货币如何野蛮地破坏这些希望，是我们这个时代一个鲜为人知的伟大故事。在信息经济中，占主导地位的思想是：财富通过学习获得，货币是来自未来的一个信使——一个信息的报送人和一个机会信号。如果货币不再能传递可靠的信息——一种关于我们优先排序和价值观的连贯思维方式，我们又如何呵护不难理解的梦想？

今天，我们担心美国梦正在破碎——某些东西已经切断我们的历史和视野之间的连接，某种邪恶的力量正在窃取我们的未来。但是，在一片富饶之地，我们很难确定哪里出了差错。除了各种不稳定的 GDP 和增长指标，除了那些身无分文的祖父母以他们最终成才的后代为豪的辛酸故事——“看着我，在这个讲台上，一个政治家！”除了对社会丧失流动性的不满，我们只剩下关于货币及其衰落的想象。

货币的价值最终必须以梦想为衡量尺度。过去的已经过去，未来尚不可知。当梦想破灭时，美元也终将衰落。它们是否全都流向了一片崭新的、充满馨香的、符合规模经济的美国沃土？或者说，我们能否重拾类似 1944 年新罕布什尔布雷顿森林会议（它使世界货币和美元挂钩，并使美元和黄金挂钩）所勾勒的全球货币秩序之梦？

我们的民族士气长期依靠一种对边界扩张的信念：首先是一个广阔的愿景，其次是一种普罗米修斯式的技术。美国梦召唤着一个个具体的美国人去克服任何挑战，最终抵达普遍繁荣的彼岸。“伟大的云车仍在向外移动，怀着对太平洋的梦想。”[1]

未来绝不可能只借助金融术语来理解，我们通过援引诗人、小说家或科幻小说先驱对我们称为美国梦的描写来阐述它。“没有远见，人必灭亡。”美国梦的挫败，预示着一个暗淡无光的未来。

眼下，对这种美好信念和光明未来不抱希望的，正是美国学界和政界精英。在一大批科学活动家和经济名流的影响下，我们已就美国梦是全世界的一个致命负担达成共识。据说，地球生物圈已经不堪美国例外论（American exceptionalism）的重压。整个地球走到了权威马尔萨斯主义者所谓的世界技术边界（World Technological Frontier）。

按照研究生产率的理论经济学家罗伯特·戈登的观点，所有的创业型和技术型企业，都面临世界“生产率边界”收紧的问题。在一处对增长极限的沮丧计算中，戈登预测生产率将遭遇六大“不利因素”：人口（劳动力增长减缓），教育（学习作为教育传播的收益递减），不平等（52% 的收入所得流向了“1% 的最高收入者”），全球化（全世界对美国技术的趋近压低了美国的技术报酬），能源和环境（“全球变暖”使矿物燃料巨大的增长贡献饱受非议），以主权债务危机（仅美国就高达 120 万亿美元）为缩影的消费者和政府债务过剩。[2]

像前财政部长劳伦斯·萨默斯（Lawrence Summers）这样的精英人士，把这一结果总结为“长期增长停滞”——一种近乎永久性的增长延滞。[3]法国经济学家托马斯·皮凯蒂表明，并非所有他的同胞都认可托克维尔对美国例外论的赞美，他把本质论点扩展成一种崭新的“资本主义核心规律”，认为自由市场已经到达财富积累和增长的终点，正进入一个财富再分配和零和重置的时代。[4]

民主党把这种悲观主义情绪带到了政界。在一次职务任免中，奥巴马总统任命约翰·霍尔德伦为他的首席“科学”顾问。霍氏是人口和气候灾变说者，他曾呼吁用灭菌器毒化水体，以阻止人口增长。民主党援引皮凯蒂的理论，把不平等视为财富压迫的恶意积累的结果。左派人士告诉我们，贫困的原因恰是“财富”！

投资增速快于符合资本主义客观逻辑的工资增速，投资收益率则超过了经济增长率。其结果是导致了一个投资过度的赢家通吃的经济局面，遏制了中低收入阶层的机会。奥巴马总统的朋友兼顾问塔那西斯·科茨，作为畅销书排行榜靠前的作家和居于美国权力中心的人物，在回应奥巴马的前精神导师、芝加哥的莱特牧师时，将美国梦斥责为一种“非黑即白的思维”。[5]

越来越多的证据表明，美国社会的阶层流动，甚至地域流动正在受到阻塞。一个在 20 世纪 60 年代后的任何时期出生于贫困家庭的孩子，只有 30% 的概率跻身中产阶级，5% 的概率挤进 20% 的高收入群体。在欧洲，这个孩子的前途会更加美好。垂直流动受到了近乎停滞的水平流动的损害。2011 年，“流动率”跌落到汽车成为普通生活消费品以来的最低水平。2014 年，18~31 岁的美国人中仍有 1/3 未曾搬离过父母的家庭，这是史无前例的现象。[6]

对冲基金哲学家肖恩·费勒指出，1971 年以来，青壮年男性的实际中位收入仅仅上升了 6%。由于创历史最低纪录的仅有 66% 的人拥有全职工作，所有男性劳动者在黄金工作年龄的实际中位收入总额已下降了 20%，未受过高中以上教育的男性劳动力的同一数据则下降了 47%。更高的女性收入部分缓解了这种下降，但不断上升的家庭破裂比例又使其进一步恶化。

左派经济学家只能拿出“失败”和“沮丧”来回应这些发展趋势。他们预测，世界人均经济增长率将出现一个永久性的放缓。根据皮凯蒂的估算，世界人均经济增长率已经从每年增长 3% 降至 1.5%，降幅达 50%，而且将进一步下滑至 0.8%。2007 年，在逐一扣除六大不利因素的影响后，戈登预测美国人均消费增长最终会永久性地降至 0.2%。现在他指出，2012 年的实际人均消费增长甚至比 2007 年悲观性预测的水平还要低 8%。

许多著名经济学家抱有以下观念，即“婴儿潮”一代①

---

① 美国的“婴儿潮”一代是指“二战”结束后，在 1946—1964 年间出生的美国人，据估计有将近 7800 万人。2011 年，他们中年纪最大者已满 65 岁，也就是说，从 2011 年开始，“婴儿潮”一代将逐渐面临退休。——译者注

退休时，将和他们出生时那样，经济陷入低迷。他们担心，教育收益递减、技术耗竭、生物圈的报复、不平等现象加剧、市场全球化和债务偿还，都将成为世界各地自由经济体所面临的严峻问题。戈登推断，瑞典人和加拿大人在面对他所提出的六大不利因素时，仍有可能更富有活力。

对美国学术界而言，这组数据代表着资本主义的失败和采取新干预措施的借口。现在，政治家转而开始接受、培育和夯实这种“技术边界”。联邦通信委员会一个由律师和会计师组成的官僚机构声称，网络已经过了它的创业阶段，他们正在接管网络，以使其更加“中性”。这样一来，政府就能更好地适应它，像《1934 年通信法案》第二条界定的老牌电话和铁路等垄断公用事业企业那样，调查它们所有的节点和价格。《多德 – 弗兰克法案》（*Dodd-Frank Act*）是一种干预措施，它一方面使大银行国有化到“大而不能倒”的规模，另一方面却排斥小银行，使它们因过小而难以获得成功。由于不受任何立法限制，联邦消费者金融保护局正在对从投资顾问到典当行的所有消费金融进行监管。

奥巴马医改法案（又称《平价医疗法案》）将其征税和控制网络扩展到了所有的医疗保健领域，因此需要国税局新设 1.6 万个机构以有效开展工作。一项可能始于希拉里 · 克林顿所提出的提高资本所得税率的计划旨在消除不平等危机，以增加累进财产税下的资本和储蓄税。根据民主党的涓滴教育理论（trickle-down education theory），纠正递减的教育收益，需要在教育工作者身上额外花费 3500 亿美元。逐渐削弱的全球化收益意味着“可持续的技术”、更合理的梦想，以及对第三世界的高额环境赔偿。全球变暖的不利因素吹凉了热带酒店的温馨聚会，那里工业化国家承认了它们的环境罪过，并以 97% 的一致性达成了提供进一步赔偿的协议。

最终便导致了债务积压。当然，它可以通过发行更多的货币、采取货币贬值，以及对任何幸免于其他不利因素的储蓄和投资新征累进税得到解决。

从皮凯蒂的新马克思主义到戈登的衰落论，这门沮丧的科学为左派经济学的持续失败提供了便利的借口。戈登在其预言中对这些暂时性变化将中断下一个世纪人类进步的警告虽然有些夸张，但是由对全球变暖、不平等和全球化等假想的“不利因素”的担忧所引发的监管瘫痪，完全有可能导致一个新的黑暗年代，即使债务比受恐慌驱动的高税收削减政策试图解决的程度轻许多。

衰落论者认为，所有的数据在 1972 年就开始走低。生产率增长下滑了 40%，从 1972 年之前 81 年间的年均 2.33%，降低到 1996 年的 1.38%，且进一步降到了 2014 年的 0.5%。

从戈登到萨默斯，对景气停滞的解释都只是将其视为18世纪工业化欣欣向荣时代所预示的科技史上的一个历史性转折点。导致81年的生产率繁荣在1972年走到终点的是一系列革命性发明的独特收敛，包括电力、内燃机、内置管道和中央供暖技术、矿物燃料及其塑料等变体，当然还有电信和电视。磺胺类药剂和抗生素延长了人类的寿命，喷气发动机促进了航空旅行。美国由75%的农村化率转变为80%的城市化率。

在理论家看来，这些创新进展都是奇点——它们只会发生一次，而且几乎都是在1970年前就已完成。如戈登所言，“收益递减开始出现，而且……所有在1970年后的进展都是二次改进，如短途支线飞机的发明、将最初的州际高速公路网延伸到郊区环城公路，以及美国家庭由窗式单元空调改用中央空调系统等”。戈登认为，甚至计算机革命，大部分都发生在20世纪60年代，并且伴随着电脑化的银行对账单、信用卡和机位预订。自动电话交换机和工业机器人也都在70年代前就已出现。

美国梦的批评者把他们的例证寄托于对他们所谓的“第二次工业革命”(约始于1890年，紧随一个世纪前以蒸汽机、煤炭、煤气照明和金属为主要内容的第一次工业革命而来)不可阻挡的革命性奇点力量的详细叙述。从汽车、飞机、中央供暖和自来水，到抗生素、空调和电报，技术进步使人类的寿命延长了一倍，使运输速度由每小时 5 英里提高到每小时 500 英里，使通信延迟由以日计缩短到以秒计。据测算，总体生产率提高了上百倍，经济增长率也大幅提高。

对他们而言，技术从这些令人眼花缭乱的高度衰落，所导致的生产率增长放缓不乏解释意义。但问题在于，表明 1970 年是技术转折点的唯一指数，正是悲观论者企图解释的生产率增长衰竭。

技术潜能在 20 世纪 70 年代急剧萎缩的观念，掩盖了该时期一大批新公司所取得的突破性创新。这些新兴革命性公司中的佼佼者包括：英特尔公司及其内存和芯片革命，苹果公司及其个人电脑革命，应用材料公司（Applied Materials）及其亚微米半导体资本设备革命，基因泰克公司（Genentech）及其生物技术革命，以及微软公司及其打包的模块化软件革命。第一代现代自动取款机（ATM）已经能吐出现金。聚合酶链式反应工具很快将使生命体 DNA 编码的大规模复制变成可能。以太网和互联网协议则预示着一场通信革命正在来临。

融入信息工具的第二次工业革命时代的技术也在继续发展。联邦快递公司推出了隔夜派送业务，沃尔玛开启了零售业革命，西南航空公司推动了航空旅行的平民化消费，集装箱化大大促进了国际海运和贸易。随着单位劳动时间 GDP 产出的提高，年度生产率增长从未因任何假想的 70 年代固有技术所得的耗竭而由 3% 骤降至 0.5%。

在信息经济中，增长并非源于权力，而是源于知识。学习对知识增长至关重要，它通过那些可能失败企业的创业理念的可证伪试验在整个经济体中展开。整个经济体就是一套验证和度量体系，它需要以精确的货币价值尺度为指导的可靠学习。

大多数经济学家和生产率研究专家所忽视的“房间里的大象”[①]，是货币作为一种尺度、测度标尺、价值大小和机会信号的突然失效。正如皮凯蒂所叙述的，经历两个世纪金本位制下难以置信的工业创造力和进步，所有主要货币长期以来“似乎已像大理石那样坚固……似乎能度量不随时间流逝而改变的数量，从而刻下了赋予货币重要性以永恒光环的诸多标记”。

那么，企业是如何从这些一成不变的惯例思维中醒悟过来，转向庞杂的以微秒计的交易潮流的呢？我们又怎样由拓荒者转变成了“快闪小子”（flash boy）呢？

这种可预测的创造力惊奇的载体，这种长期以来生产创

① 原文为“elephant in the room”，喻指显而易见的问题。——译者注

新的通道，像大坝一样轰然倒塌，释放出一片价值波动无常的汹涌汪洋。变化很明确地发生在 1971 年 8 月 15 日，这一天理查德 · 尼克松总统使美元永久性地脱离了黄金。

正如英国政治家和历史学家夸西 · 科沃腾（Kwasi Kwarteng）在《战争与黄金》（*War and Gold*，2014）一书中所指出的，“尼克松在 1971 年 8 月做出的决定……极大地改变了货币史进程，开启了一个黄金实际上与货币脱钩的新时代，过去 2500 年来从没有过”。[7]

美元和任何物质实体之间缺乏一个合法联系，将使世界陷入货币无政府状态。由于长期投资少了美元之锚，金融投资回报期缩短，市场分解成琐碎而盲目的交易。在回眸 20 世纪 70 年代时忽视这一划时代的事件，只有其影响如尼克松当时所承允的那么小时才是合理的。

尼克松的宣告充斥着对放弃金本位将“强化”或“稳定”美元的保证。米尔顿 · 弗里德曼力劝尼克松采取这项举措，他预测该举措只会对货币价值产生较小的影响。以保罗 · 萨缪尔森（Paul Samuelson）为首的一批著名人物则预言，黄金价格会出现一轮大幅下挫。黄金价格在接下来的 3 年里翻了两番，在采取纠正措施之前的 10 年内增长了 23 倍，彰显了负责货币度量和调节事务的经济学界和政界人士的盲目无知。大多数经济学家赞同约翰 · 梅纳德 · 凯恩斯（John

Maynard Keynes）曾提出的放弃黄金之锚的主张，即便只是设想一下黄金在人们观念中的持续支配地位，他们都觉得难以忍受。

除了任何更有说服力的解释外，1972 年后生产率增长的下滑必须被看成货币作为度量标准所包含的信息内容遭毁坏的另一个关联效应。其最显著的直接后果是，美国和英国持续两个世纪之久的近乎稳定的长期利率突告终结。随着美元和黄金的脱钩，10 年期债券的利率开始以史无前例的方式剧烈地上下波动。由于时间偏好不可能出现类似的波动，这种不稳定性反映了新的货币混乱。

在混乱之中，资产和负债的价值出现了不可预测的波动，导致企业破产和意外所得同时存在。由于这种变化较难预测，且往往以货币而非公司的实际绩效的形式出现，其结果对大多数公民而言是随机性的。一些人的债务负担出现了令人诧异的飙升，另一些人的债务负担则被明显放大。企业破产现象越来越严重。受益于这种波动性，金融行业获得了蓬勃发展。交易比工作和节俭更受人们青睐。不平等日益加剧，10% 最高收入者的收入占收入总额的比重从 1971 年的 33% 上升到 2010 年的 45%。经济活动的空间不断萎缩。

约翰·塔姆尼（John Tamny）在其《通俗经济学》（*Popular Economics*，2014）一书中，详细叙述了放弃金本位制所带来的诸多影响。其中之一便是吉米·卡特（Jimmy Carter）总统主政时著名的“低靡”年代。石油和大宗商品价格飙涨。芝加哥商品交易所开设了大宗商品期货市场，主要是为了使饱受旋转价格无情打击的农户可以参与风险对冲。对冲基金由此迎来了它们的长期繁荣。日元兑美元的汇率从 360∶1 升至 100∶1。美国的汽车和航空运输业因油价飙涨几近崩溃。制造业萎靡不振。政府把刺激房地产业发展作为摆脱美元贬值的“灵丹妙药”，从而使美国经济从工业重镇退化为一个金融和消费的赌场。

由于缺乏全球性的价值标准，货币交易变成了世界上最庞大和最低效的业务。截至 2015 年，它构成了超过 1000 万亿美元的每年交易额，约为每天 GDP 的 1/3。它吞噬了被称作“铸币税”的收益，也就是来自货币发行的所得。这些所得代表了铸币生产成本与其价值之间的差额。中央银行和政府国库获取了这些所得中的绝大多数。但是，这些数量变化同样使那些政府公款的早期借款人和贷款人获益颇丰，他们可以在相关价格变化扩散至整个经济体之前采取行动。不过，所有的货币交易在其至关重要的作用上都遭到了失败，它甚至未能发现远不如货币所测度的经济活动那样稳定的价值。与此同时，公众在房产升值中寻求庇护和安慰，房产至少不会随市场波动瞬息万变。但是，人们却饱受基本人类需求（食物、燃料、医疗、住房和教育）成本飙升之苦。

衡量遭受破坏的程度，主要表现在新的货币体系下经济活动要付出相对布雷顿森林体系标准来说高昂得多的成本。在布雷顿森林体系下，1 盎司黄金的价值为 35 美元，1 桶石油的售价低于 2.80 美元，1 加仑汽油可能只需 30 美分左右。

货币混乱导致整个经济效率低下。将其归咎于技术——经济系统中继续保持繁荣且得到加速发展的领域，只是否认明显事实的一种方式罢了。全球金融机构密切关注理查德·尼克松总统的一举一动，并说服他做出了一个悲剧性的错误决定。

自尼克松做出使美元和黄金脱钩的决定以来，中等收入危机和生产率衰退仍然在威胁着美国梦。尽管里根总统和美联储主席保罗·沃尔克通过供给侧减税政策和非正式的金价目标，在维持一个有效且可行的美元体系中艰难地获得了暂时的成功，但是正如塞斯·利普斯基所说，“世界货币体系并未得到永久性的修复”，并未“恢复对政府过度干预的合法性检查”，也不存在对无意义的货币价值进行大规模的短期交易和非法炒作的限制。此后，世界经济便患上了金融臃肿病。每天数以万亿计的货币交易和每年以数万亿为单位级别的衍生品交易总额，使不断上升的世界贸易份额押注在越来越无意义的总量波动上。

美国企业家做出了反击，他们被技术赋能，并受到税率降低和管制放松的激励。但是，在 20 世纪 90 年代末期，一场意想不到的美元通缩（通缩幅度达 30%，美元对黄金的平价上涨了 57%）使网络经济出现了短暂的下行，成千上万家巨额举债建立光线新网络的电信企业陷入了破产。由于美元的意外通缩，这些债务猛然间增加了 30%。至今，这些企业家中的大多数，比如伯尼·埃伯斯，仍因隐秘的会计犯罪而在蹲监狱——尚不清楚究竟发生了什么。但是，一段漫长的权威历史表明，意外通缩将给债务人造成巨大损失。从亚洲承建商到美国零售商，破产和债务负担如影随形，但它们都不能同全球光线新时代的网络电信企业所遭遇的债务相提并论。

从千禧年崩溃（millennial crash）起，美国就一直饱受货币冲击、利率波动和金融工具泡沫的困扰。政府偏好使“投资”由房地产消费转向了气候方面的考虑。拯救世界经济于水火之间的只有技术。但正如史蒂夫·福布斯所言，世界遭遇了“40 年缓慢的财富缩水，同时，美元的价值也下挫了 80%”。

版图和度量标准在空间与时间上均已失效。协调全球所有贸易的主要货币之间的汇率网络，构成了空间指数。这便是横轴，即企业的地理跨度。这里，现有产品在当今全球化的“空间”被不断复制，借用彼得·蒂尔的比喻，即“从1到N”。作为连接过去与未来中介的利率，构成了“时间”指数，即把经济带向未来的纵向尺度，蒂尔形容其为“从0到1”的向量。

20世纪70年代初以来，这些曾经牢固的量规和指标已丧失其意义，如今正受制于世界各国政府部门的频繁操控，以及不断国有化的银行体系。由于货币和利率的波动远比它们所引导的经济活动的波动剧烈得多，投资和商业范围不得不缩小与实际经济知识的比例。只有将货币盯住美元和专注于同美国进行贸易的中国，才成功地走出了一条行之有效的货币路径。（反过来讲，中国也面临着持续的货币管理成本的压力。）但中国的策略只维持到了2015年年中，从那时起，中国也受到了全球货币混乱的影响。

时间的侵蚀最具毒害性，世界各国政府推行的利率扁平化政策威胁着我们的未来。政府债务侵占了资产，使它们急于变现。只有当前商品的支出有望在未来获得巨额收获时，这样做才是合理的。短期刺激产生的债务只是消耗了未来投资，抬高了流动资产的价格，却未提高它们的收益，或者创造出能够偿还这些债务的新资产。其结果是资产价格膨胀，数量上虽很“宽松”，质量上却毫无意义，这就是泡沫。当价格回落后，债务却依旧高企，且在很大程度上如皮凯蒂描述的那样抑制了经济增长。不过，皮凯蒂错误地把问题看成是实际储蓄和投资，而非政府对真正的价值创造者的掠夺。

在美国，政策成本在中产阶级的养老金上首次出现了下降。美联储最终实行了接近零的利率，为美国政府及其盟友提供低成本融资，使未来企业的利润空间大幅缩水。这一对政府权力的利用，抑制了创业知识的获得。企业养老金债务飙升，新增储蓄的收益毫无保障。

隐藏在债券泡沫背后的是投资回报的下降。随着利率的扁平化，政府的干预政策使未来变得不容乐观。80% 的私人固定收益养老金计划被废除。公共计划同样面临类似的牺牲未来以应付眼前需要的问题。在未获授权的情况下，美国政府肆意地掠夺了美国中产阶级的退休资产，迫使数百万美国人严重依赖于社会保障、残疾保险、医疗补助和医疗保险等政府计划。政府依赖性则无疑会摧毁美国梦。

缺少了美国梦，美元的未来亦将暗淡无光。

第 2 章

公正在先，增长在后

当一辆昂贵的小车撞向一面墙时，所有的信息和价值会在瞬间消散，尽管它的所有原子和分子依然存在。价值即信息，小车即知识。

——塞萨尔·伊达尔戈（Cesar Hidalgo）

《增长的本质》（*Why Information Grows*，2015）

货币是世界经济的核心信息效用枢纽。作为一种交易媒介、价值储存手段和计量单位，货币是关于全球市场环境（包括时间和空间）的信息的关键构成。因此，货币体系可以被看成是道德体系——它们有没有撒谎，抑或讲出了真相?

在我的前一本著作《知识与权力》（*Knowledge and Power*）中，我发现“知识”即财富，“学习”可带来增长，且两者都要缜密的信息科学所支配。[1] 史前人类也曾控制我们今天拥有的所有物质资源，我们这个时代和史前人类时代之间的区别在于知识的扩张。知识通过可验证的学习得到扩张，“学习曲线”则经由创造性的试验不断向高处位移。

个体企业和行业的学习或经验曲线很好地展示了这一过程。它可能是所有企业记录最完备的现象。学习曲线表明，任何商品或服务的生产成本会随销售量的每一次翻倍而下降20%~30%。波士顿咨询公司和贝恩公司制作了整个资本主义经济的学习曲线图，结果表明，学习曲线深刻地影响了从细针到饼干、从保险政策到电话、从晶体管到代码行、从猪腩到瓶装牛奶、从钢锭到飞机等各行各业的方方面面。[2]

创业型的学习伴随产出和销量的增长而得到迅猛发展，各行各业的公司不断创造出新知识，它们给生产的方方面面以及每一步制造流程、每一个设计细节、市场营销和管理都带来了巨大改进。尤为重要的是，学习曲线扩展到了消费者身上，他们学会了在售价下降时如何更好地使用和复合利用产品。例如，iPhone 手机成千上万款应用程序的不断扩散，即代表着用户的学习曲线与苹果公司的学习曲线已经相差无几。

摩尔定律所描绘的法则在这类曲线中最有名，根据其预测，计算机的成本效率比每隔 24 个月就会翻一番。太阳能行业的斯旺森定律（Swanson's Law）① 以类似的形式表明，硅光电池的成本已从 1977 年的每瓦 76 美元下降至 2014 年的每瓦 50 美分。发明家和未来学家雷·库兹韦尔把这些曲线一起放在一个详尽的目录中，它们将在 21 世纪末达到一个所谓的“奇点”高潮，到那时，计算机的能力从多方面来看都将超过人脑的能力。[3]

所有这些曲线均表明了增长和学习作为资本主义核心规则的本质特性，这一过程自石器时代以来就已烙进了人类的历史。但是经济学家却很少提及它，大多数经济学家认为商品和服务的价格应该不断上涨。在 1992 年一篇著名的文章中，耶鲁大学教授威廉·诺德豪斯表明，经济学家并没有去测算前两个世纪最显著的成本下降，即以每流明时（Lhr）所需花费的劳动小时计，照明成本出现了数千倍的下降。[4] 诺德豪斯把曲线从洞穴取火和蜡烛扩展至电力和电力网。现在情况已经很清楚，LED（发光二极管）早就把照明能力扩展至各种各样的程控显示技术应用领域。

财富增长的果实并非源于自利和贪婪的鲜花，而是源于

---

① 斯旺森定律也称斯旺森效应，由美国著名太阳能电池制造商 SunPower 的创始人理查德·斯旺森提出。根据斯旺森定律，光伏电池的全球生产能力每翻一番，实现单位功率太阳能发电所需的电池价格就会下降 20%。——译者注

学习的进步。企业家通过开展可证伪的创业试验——其结果可以用可靠的货币来计算——获得了这种学习的进步。

不同于把利润转移给政客，成功开展创业试验的企业家可保留他们自己的利润。因此，他们可以把自己的成功延续到未来。资源流向了那些能够最有效地利用和使它们增值的人那里。如托马斯·皮凯蒂所言，资本主义的核心法则是，成功的资本家而非政客控制着资本的再投资。如果由政府来控制、担保、引导甚或决定投资，那么它就不是资本主义。投资过程的关键是利率。要使企业家控制资本，利率必须能反映资本的实际成本，而不仅仅是印钞成本。否则，印钞机将会支配投资。

我们可以把新货币信息论和资本主义概述为 8 大原则：

1. 经济体主要不是一套激励体系，而是一套信息体系。贪婪对此毫无助益，而公正——一套给“真实”提供回报和淘汰“谎言”的体系——却显得至关重要。

2. 创造性总是伴随惊奇而来。信息被定义为惊奇。

3. 信息是秩序的对立面。资本主义经济并不是均衡体系，而是创业试验的活跃场所。

4. 货币应该作为创业试验结果的一个衡量标准。

5. 一个通信系统的信道和内容之间的干扰被称为噪

声。货币噪声使人们难以从信道中区分出信号。

6. 一个不稳定的市场将会缩短经济体的投资回报期。螺旋波动的货币和贪婪掠夺型的政府对长期创业活动的预期回报是致命的。

7. 与熵相类似，利润或损失代表着意外或未预期到的结果。与热力学中的平均温度相类似，实际利率代表着平均收益。

8. 货币的流通速率或周转率并非一个常数。因此，不应由中央银行，而应由个体的自由决策来控制有效货币供给。这是因为，经济个体积累了相关知识，他们可以决定将自己的产出用于开支还是储蓄。

在一个合理的增长体系中，企业必须对破产和利润保持开放态度。当政府对正义的天平指手画脚、通过担保和其他权力操控货币，以刺激经济增长和保护财产时，这种学习过程就会失效。

在创业试验中，时间的稀缺性和不可逆性构成了管理约束。如果时间是无限的，那么一切皆有可能。有限的时间带来了选择和优先排序的必要性。时间体现在利率（货币的时间价值）、预算（有时间限制）、合约（有期限和可交付性）和账目（实效性）上。在经济学中，时间主要由货币来代替。从最深层的意义上讲，货币便是时间。这不仅仅是本杰明·富兰克林的箴言——“时间就是金钱”的简单复述，而是一个关于货币稀缺性之必然的真相。作为记账、设定优先级别和评估机会的工具参考，货币必须充当一把标尺，而非一只魔术棒。它不能随主权者的意志而扩张或收缩。为了阐明以货币交换实际商品和服务的意愿，必须对货币数量进行严格限制。

自相矛盾的是，要充当价值储存手段，货币就不能是可囤积的。一个基金持有者可以克制不去使用基金，或者把它们存入银行。但是，如果货币不被用于投资或开销，它最终会变得毫无价值，因为社会将不能生产出任何商品以供其购买。时间是典型的赫拉克利特之溪（Heraclitean stream），它不能被囤积。时间是萨伊定律（Say’s Law），即“供给创造了自己的需求”的基础。储蓄总是会以这样或那样的方式——主要取决于政策，被用于投资或被浪费。

随着经济的不断增长，从更多的学习中将产生更进一步的充裕。只有一种资源会成比例地变得相对稀缺，它便是时间。在所有的价值构成中，时间是最真实和不可逆的元素。

在一个经济体中，人均财富与收入的增长意味着选择和可能性、时间利用方式、主张自己关注点的增加。尽管一些新的商品和服务会提高你的效率，另一些也会延长你处在身体健康状态的年岁，经济增长仍将不可逆转地给剩下的资源，即你生命中剩下的时间带来压力。

这些时间（不管以小时、分还是秒来计）便是你实际上可用于花费或浪费、投资或挥霍、劳作或睡眠的资源。货币提供了对收入和支出的一个精确测量，这主要是因为它反映了这些时间成本。这些成本可以计入两种不可逆的分类账，一类是物理学意义的，另一类是生物学意义的，即“光速”和“寿命”。如果不能表现人类生活的这些基本稀缺性，我们的经济学就会背离现实，并且背叛我们自己和正义事业。

在资本主义制度下，越来越多的商品和服务在越来越短的时间里被创造和使用。政府可以佯称，一些商品本质上需花费更高的成本（如黄金或汽油），一些商品应该免费提供（如医疗服务），另一些商品则变得越来越昂贵（如教育和医疗器械）。掌握政治权力的人能够抬高或压低特定商品和服务的价格，如学费、税收或利率、住房、果葡糖浆，或创办一家新企业、研制一种新药物的成本。但是，时间仍然具有不可逆的稀缺性和不可膨胀性。根植于时间的货币——有别于我们今天的美元——将使实际成本同整个经济的学习曲线出现成比例的下降。价格趋于下跌是资本主义的天然条件。

即使是财务不平等，也不能影响时间和精力的根本稀缺性，光速和寿命在我们时代的现实经济中被不断消耗掉。

时间就像是不带任何感情色彩的平等主义者，它以相似的方式被大致平均地分配给富人和穷人。相对寿命的普遍扁平化，表明了全球平等的显著进步。[5] 富人不能囤积时间，或者随意掠夺他人的时间。这使得我们乐意和他人开展合作。没有惊奇，所有的时间将只有较低的价值，而且会使人感到厌烦。熵的惊奇提供了能量，构成了时间和经济的方向性。

财富和收入不平等的静态测算误导了许多人。在一套严格的时间制度下，积累可创造财富的知识需要努力工作。学习需要投入劳动。20% 的最高收入家庭平均而言拥有的财富是 20% 的底层全职工薪阶层的 6 倍。[6] 一个人掌控的“财富”越多，越需要花费更多的时间来管理和投资这些财富。绝大多数财富都是非流动性的，受时间壁垒、产权、契约条款、公司结构，以及对投资和经济增长至关重要的支付结构的制约。过早地贸然攫取财富——“清算”财富——是企业家很少会采取的代价不菲的破坏性过程。在财富不平等方面，拿企业家的投入资金同工人的工资和薪水做比较是极不公正的。

一旦政府对这些财富进行再分配，就会颠覆作为其基础的正义天平。政府可以适当地培养知识——通过创业领域数百万可证伪的试验获得——增长的基础条件。太多人学到的经验，构成了主要的经济教训：权力不能控制财富——使人惊奇的新知识——的形成。

例如，利率反映了经济体的平均预期回报。通过实行接近零利率的政策，美联储错误地消除了时间成本。这种政策陷阱阻碍了经济增长。向明天透支的低成本货币并未创造出新的资产，反而抬高了眼下现存资产的价格。它并没有带来任何新的学习效应和价值，而仅仅是通过扭曲货币的时间价值破坏了信息。龙洲经讯（Gavekal）的查尔斯·加夫解释说："当萧条来临时，资产将恢复其最初的价值，债务却居高不下……资本存量急剧萎缩……实际增长显著放缓。"[7]

美联储企图以管理货币的名义，来操控投资者的时间，即投资者关于当前价值和未来价值的意识。但时间并非真正地可以被操控。它是施加于我们做出的每一个财务决策之上的不可逆的力量。美联储的政策只会使储蓄者和投资者感到混乱，并且缩短投资的回报期限。例如，在某些颇具影响的交易策略中，投资回报期已被缩短到了以毫米计。

信息论——关于世界的新体系——给我们带来的教训是，不可逆的货币不能作为其本身的衡量标准，它由其所测度的价值来定义。它是一套逻辑和道德体系中的一部分，而且同所有的这类体系相似，它必须以其本身之外的价值为基础。它必须源于不可逆的时间之熵。

根据“财富即知识”和“增长即学习”的理论，关于资本主义的信息论认为，公正对增长至关重要。公正并非如人们所认为的那样，是产生于自由市场的“自发秩序”的结果，而是作为合法政治领导必然结果的产物。除非公民认为市场分布是公正的，否则他们不会主动遵守纪律，奉献出宝贵的时间，或者忍受学习与增长的风险和困难。自利会使他们像受一只看不见的手所驱使那样，同政府展开合作以追求相关特权。贪婪是对不公正的收益的渴求。在一个不断扩张的福利国家中，贪婪为有保障的结果提供了驱动力。

同时，如果缺少增长，公民将发现他们的活动空间被一个零和世界所包围，他们只有通过掠夺他人才能胜出。公正必须得到优先考虑，共和党不能排斥对公正的诉求。公正并不是自发生成的，政治家通过法律之下有远见的明智领导才能获得它。士兵和警察在爱国主义的旗帜下不惜以牺牲生命来捍卫公正，父母们在家里把坚持公正作为通往未来之路教育给他们的孩子。法官、行政人员和教师在日常工作中应该把公正作为最基本的社会规则，来加以坚持和维护。我们不能简单地使公正的天平附属于增长的旗帜。

对于今天的大多数美国人，受抑制的机会和增长构成了一种显而易见的“不公正”。它影响着财富的分配、权力的行使、对学习的管理和法律的实施。这种不公正是导致国家衰落的最重要的原因，它使中产阶级群体的收入不断缩水，并且改变了教育偏好，年轻人中的创业志向却日渐式微。

这种不公正的存在是如此普遍，以至很难从其越来越令人窒息的边界内部来把握它的轮廓。它源于跨国公司、大学、金融机构和政府官僚夺取与占据文化、经济制高点，并使自己免遭风险的隐蔽活动。这种不公正的代理人大家都很熟悉，它们包括白宫、联邦储备银行、国会、企业巨头、常春藤盟校和华尔街等等。

为了实现上述目标，这些精英人士不断地损害货币本身的概念。政府和金融机构已经使货币由一种中性的交易媒介、价值标准、学习测量尺度和财富储存手段，转变为可操控的权力和特权杠杆。充当政府第四部门的美联储掌管着银行系统，为政府及其从属机构提供零利率融资；常春藤盟校信奉世俗的对所有的生产进行专业监管的做法；“最优秀的和最聪明的人”鄙视制造业，纷纷涌向目前已是全球最大产业的金融业——这些精英人士不劳而获，攫取了数万亿美元的财富。

由于货币充当着精英控制和敛财的可操控工具，政府“确保”了金融、房地产、保险、可替代能源、农业和教育等部门的发展。但是，如果投资是有保证的，它们就不能获得学习效应或增长。它们很明显是不公正的，正是这种不公正构成了经济长期停滞的基础。它反映了一种对货币的严重掠夺，因此必须予以纠正。

但是，要扭转它，我们首先必须厘清对货币性质本身的深层误解的根源。

第3章

弗里德曼与货币之谜

关于货币政策能做些什么，历史教会我们的第一个也是最重要的教训是……货币政策可以防止货币本身成为经济秩序混乱的主要来源。

——米尔顿 · 弗里德曼（1968）

政府针对某个问题的解决之道，往往和该问题一样糟糕。

——米尔顿 · 弗里德曼（1975）

1988 年初，受卡托研究所（Cato Institute）的赞助，我同货币理论领域的世界顶级专家米尔顿 · 弗里德曼一道访问了中国。十几年前，弗里德曼就因其影响深远的货币主义理论而荣膺诺贝尔经济学奖。根据弗里德曼的理论，中央银行对货币供给的管制是经济增长的一个关键因素。

当时，中国经济似乎即将开启迅猛增长的态势，但受到了一轮同时发生的通胀飙升的阻碍。物价一飞冲天。中国最引人注目的繁荣景象出现在香港和台湾等沿海地区和省份，那里的通胀率和人均货币供给都比中国其他地区低。但是，与中国毗邻的日本却在实行全世界最高的人均货币供给，并且民富国强。这当中是否隐含着什么线索，又有谁知道呢？

我想，米尔顿·弗里德曼肯定知道，我应该请这位世界上最伟大的货币经济学家对这些货币之谜中的其中几个做一番解释。但是，鉴于 10 多亿中国人刚刚走出持续几十年的计划经济时代，弗里德曼有着他自己的其他想法，主要是一些针对中国政府的建议。他建议中国政府把“控制货币供给”作为头等大事。

据说，没有人能在同米尔顿·弗里德曼的辩论中胜出，所以我很乐意承认当时或后来在关于政府控制一个经济体的货币的权力上的辩论，我没有赢过他。当我们坐在小车里驶过上海的街道时，米尔顿泰然自若地回答了我提出的任何问题：“通货膨胀在任何地方始终都是一种货币现象。”但是，就像我在《财富与贫困》（*Wealth and Poverty*）一书中所提出的，如果政府支出和税收成了增长最快的因素，那么情况会怎样？弗里德曼坚称：“控制了货币供给，你就能控制通胀，不管采取什么样的财政政策。”

中国经济能从世界一流的自由主义思想家对社会主义国家的建议中受益吗？我依然怀疑。但在当时，我却无言以对，既未能反驳弗里德曼，又没能说清楚自己关于货币之谜的见解。

不管怎样，中国很快启动了世界上最快的经济增长马力。这种成功对货币政策而言意味着什么呢？我从已故的斯坦福大学教授罗纳德·麦金农那里学到，“金融发展”——银行和其他金融基础设施的创业型创造——对经济发展至关重要。[1] 通过政府权力实现的货币供给等总量数据，则远没有那么重要。重要的是自由、产权、税率和法治，它们使知识和财富的增长变成了可能。

米尔顿·弗里德曼虽已过世，但他凭借关于自由市场的两本杰作《资本主义与自由》（*Capitalism and Freedom*）和《自由选择》（*Free to Choose*），继续在赢得辩论的胜利，这两本书比我的书还要畅销，版税收入也颇丰。[2] 尽管我对这位伟大的经济学家不无敬意，这里我却要指出，虽然弗里德曼有着令人敬畏的辩论才华和举世瞩目的诺贝尔奖得主头衔，在货币问题上他却被证明犯了错。

新货币信息论解释了其中的缘由。它同样解释了替代性货币体系如何能比弗里德曼自己的“货币主义”更好地实现他的自由主义梦想。它将能解决许多使当前的政治辩论变得无效的公正和增长之谜。

国家控制货币已成为政府管理经济的推动力之一，对全球经济造成了严重破坏。通过控制货币供给，中央银行及其政治支持者决定了谁能获得货币资源，进而决定了谁可以掌控政治和经济权力。毫不意外的是，这些机构将竭力支持其经济和政治上的利益相关者对抗他们的对手，继而导致难以挑战的新的财富集中。受政府管理和控制网的强化，这些经济和政治权力组合构成了世界经济停滞的主要原因。

自 2008 年经济危机爆发以来，华盛顿已经利用货币政策推动华尔街的银行有效实现了国有化，并为它们的贷款提供了巨额补助。大笔大笔的投资资金从创造财富的实际学习工作中，被转向货币操纵和政府债券“投资”领域。作为回报，曾经的华尔街银行巨头则为其华盛顿支持者的政治竞选提供了大量捐赠。如果弗里德曼仍然健在，并且见证了货币主义造成的这一切，我想他必定会撇清关系。因此，驳斥弗里德曼在货币问题上的罕见错误，对于拯救他毕生所孜孜以求的自由至关重要。

货币主义经济理论建立在 $MV = PT$ 这个著名方程式的基础上。有一次，我甚至看到它被印在米尔顿 · 弗里德曼穿的 T 恤上。MV 表示总产出，即货币供应量与货币流通速率或周转率的乘积。*PT* 表示一般物价水平和交易次数之积，或者大体上说，表示名义 GDP。货币供应量即你用来购买东西的“购买媒介”。1 美元货币在既定时间内被花掉的次数表示货币的流通速率。[3]

为了简化起见，货币供应量通常被定义为现金、支票存款与货币市场账户余额之和。美联储的基础货币——由银行准备金（为存款提供部分保证）和经济体中的所有现金（“联邦储备券”，一般被称为“高能货币”）——为它们提供了支撑。银行准备金为银行贷款提供了支撑，它可以使货币供给成倍放大，并且为经济扩张提供支持。现金可被人们花掉任意次数。但是，许多银行贷款必须被华盛顿收回，以便维持政府消费。

所有的货币周转为 GDP，或者更确切地说，为 GDE(国内消费总额）——马克 · 斯考森（Mark Skousen）提出的对经济中全部支出的有用测量——提供了支撑。2013 年 12 月，美国经济分析局（BEA）采纳了 GDE 的概念，并将其改称为总产值（GO）。GDE 包括了在资本品和商品上的直接支出，而不仅仅是计入 GDP 的最终销售额。[4] 这一举措对经济辩论颇为重要，因为作为斯考森更广泛的测量范围的组成部分，消费占经济总量的比重从 70% 下降到了 40% 左右。

弗里德曼及其众多追随者力劝在政界的经济学家信奉

$MV = PT$ 方程式，该方程式中的决定因素是 M。控制货币供给，你就等于控制了一把能使整个经济朝合意方向发展的杠杆。你（不必调整通货膨胀就）可以将名义 GDP 或测算的 GDP 维持在任何合意的增长率上。因此，弗里德曼对中国领导人的建议是——控制好国家的货币供给。

弗里德曼的货币主义理论解释了联邦储备委员会为何获得国会授权，不仅在危机时期充当“最后贷款人”，而且能够对抗通货膨胀和促进充分就业。这些目标意味着美联储掌控着有效货币供给。该理论认为，通过操纵这把杠杆，央行行长能决定物价水平（通胀率），影响就业水平和（至少）名义增长。这即是货币主义的根本信条，它表明即使在一个充分自由的市场经济中，中央银行仍然是必须保持自上而下控制的制度机构。

由于每一种货币都有它的中央银行，流行的货币主义使不同的国家或地区能够采取不同的货币政策。这套体系在使各国经济保持相对独立的同时，支持各国货币之间的相互浮动，它们的价值由全球外汇市场来调节。由此，一个全球性的货币通过货币交易者以一种奇怪的新铸币权的形式被“铸造”出来。根据流行的理论，货币成了一个自我指涉的系统，最终由发行货币的各个主权国家所掌控。主权货币在全球各地的市场上相互竞争。

通过假设控制货币供给可为每个国家的政府提供创造就业岗位和降低物价的能力，货币主义和凯恩斯主义一样，不仅热切欢迎而且事实上强烈要求政府对货币实行垄断。

但由于我们不想把一种像货币政策那样强大的武器交给政客，我们从选民那里拿走了这项权力，并把它授予了独立专家小组和可信任的第三方，如欧洲央行和联邦储备委员会。因此，货币理论不仅否认自由企业，而且还抨击民主。

不过，要使 *M* 发挥支配作用，货币在产生乘数效应或加数效应时必须具备一个无弹性要素。流通速率（或者货币周转率）必须相当稳定，且不受 *M* 变动的影响。也就是说，不管货币供应量如何，人们必须以一个相对平均和可预测的速度支出他们的货币，且银行必须主要出于对中央银行可以提供而非前景可期的企业家所需的考虑来发放贷款。否则，只要改变用作开支或投资的货币使用速度，人们（包括银行业者）就能抵消任何既定货币政策的影响。为何货币理论会对这种可能性视而不见，长期以来一直是我心中的未解之谜。

弗里德曼给出了一个机灵却似是而非的答案。他指出，货币的年流通速率相当稳定地保持在每年 1.7 倍左右。他解释说这一数字是人类根深蒂固的心理倾向的反映，并在他著名的“永久性收入假说”中总结道：“流动性偏好”（对现金的偏好）及其反面——储蓄率，取决于“终生”的储蓄和收入目标。换言之，你会不断储蓄，直到实现你的目标，然后开始支出。在青年时代，你倾向于多储蓄；当年老以后，你倾向于花掉储蓄。储蓄并非由投资机会的可获得性、利率或税率的变动，以及出现了令人激动的新消费品或诱人的储蓄标的物所决定，而是由人类永恒不变的心理所决定。

永久性收入假说表面上看似乎是可信的。不过，流动性偏好的另一种说法是货币流通速率或货币周转率。因此，弗里德曼对货币流通速率采取了一种社会学的解释，这样就把它排除在了经济政策之外。由于货币流通速率多少有点固定，货币供给便能发挥支配作用。所以，尽管对政府权力抱有极大疑虑和对政府规划提出尖锐批评，弗里德曼最终仍支持以下观点，即联邦政府对货币的控制为其专家团队提供了管理和稳定经济的一根杠杆。（考虑到美联储控制货币的精英主义影响，弗里德曼本人曾提议中央银行必须遵守一个预定的货币规则，例如使货币供应量每年增长 3%，以便反映平均经济增长情况。）

保罗·克鲁格曼等自由主义经济学家，热切地接受了货币主义信条的含义。接受货币主义信条的保守主义经济学家也越来越多。斯坦福大学著名经济学家约翰·泰勒（John

Taylor），企图说服美联储遵守一条以宣布出来的通胀和失业目标为基础的泰勒规则。[5]连《国家评论》（*National Review*）杂志的拉梅斯·蓬努尔和前共和党财政部经济学家戴维·贝克沃斯，也在美国主要刊登保守主义观点的旗舰期刊上撰文强烈支持货币主义。[6]在一篇关于 2008 年金融危机的文章中，他们指责美联储在这场始于 2007 年的"大衰退"中错误地采取了货币供给扩张政策，导致美联储所谓的高能货币的货币基数从 8000 亿美元迅猛扩张至 4 万亿美元。

1976 年，弗里德曼遭遇了一次严重的知识创伤，这在他之后的生命里极大地影响了他的思考。瑞典国王授予弗里德曼诺贝尔经济学奖奖章，但这主要是因为他的错误——他的货币理论和永久性收入假说。诺贝尔经济学奖得主常存在知识失效的问题，当这些观点的有效性被证明已经失效很久之后，弗里德曼仍在捍卫它们。

根据实证经验我们得知，货币流通速率并不是一个常数，它甚至并不接近于一个常数。在 21 世纪以来的大多数时间里，货币流通速率某一年会像石头一样滚落，下一年则又会像火箭一样骤升。货币乘数，即衡量美联储的基础货币或"高能货币"能创造多少经济活动的流通速率促成因子，在 3.1 和 12 之间来回摇摆。在 2007—2008 年金融危机爆发后的 7 年多里，正如刚刚提到的，美国的基础货币从 8000

亿美元骤升至4万亿美元，而货币流通速率却显著下降。在日本，货币流通速率继20世纪80年代的疯狂飙升之后，20余年一直都在下降。在美国，如香港龙洲经讯的路易斯·加夫所称，“货币流通速率波动剧烈，因此难以预测”。[7]

雅克·鲁艾夫以“法国历史上最优秀的央行行长”和不朽的经典台词——“由不能获得任何货币回报的补贴性支出构成的通货膨胀是不存在的”——而广为人知。[8]在一次同鲁艾夫有关的对法国国会的演讲中，金本位制的拥护者刘易斯·莱尔曼解释说：“雅克·鲁艾夫作为央行行长的全部经历告诉他……没有任何中央银行，甚至强大如美联储，能决定银行准备金的数量或流通中的货币数量……在一个自由社会，只有货币使用者——市场上的消费者和生产者——才能决定他们愿意持有的货币数量，（或者）改变他们希望持有的通货和银行存款数量……”[9]

但是，如果货币流通速率并非一成不变，那么消费者、投资者和贷款人只要改变他们把钱用于花费或投资的速度，就能抵消任何给定的货币政策的影响。这似乎正是我们近几十年来所做的事情，即以一个几乎相同的货币周转率的逆向变化，来抵消与中和货币供给的每一次变动。事实上，在弗里德曼逝世前3年，也就是2003年的一次访谈中，他终于承认：“把控制货币数量当作一个目标并不成功。我不确定今天还会不会像以往那样极力支持它。”[10]

货币流通速率并不是经济体外部心理力量作用的结果。它是经济主体——人——控制货币的有效手段。货币流通速率是自由的。它反映了公众对经济机会和机会成本的评价。货币流通速率以两种形式呈现：要么促进增长，要么抵制增长。在抵制增长的变动中，人们抛弃金融资产，转而追求消费品、收藏品和不动产，而且由于货币流通速率不能准确反映货币周转率，零和通胀飙升情况下的金融混乱在技术上很难精确测算。当投资者踏踏实实地投资于公司经营且获得一条迅速上升的机会和进步学习曲线时，货币流通速率就会出现积极的加速。在上述两种情形中，都不是由中央银行控制货币，而是由我们控制货币。

如果由我们控制货币，那么货币就不需要一个主权依归。它的依归可在政治体系之外。我们将不需要中央银行的货币管理。世界各国的货币也不一定要被分割，而且相互之间将被允许浮动。

我们不难发现一条几乎被人遗忘的历史教训，那就是，在一套稳定的货币标准下，出现了持续数个世纪的贸易扩张。这套货币体系将给工作、储蓄和创业，而非政治活动和游手好闲提供回报。在一套稳定的货币标准下，贸易几乎从未停滞不前。

必要的改革要求我们把货币首先当作信息，而非权力。尽管政府权力可以增加货币的“数量”，但是它并不能提高货币的“价值”。奇怪的是，恰是中国的成功例子，最引人注目地证明了货币主义信条的局限。

第4章

当下的挑战

出乎许多人意料的是，以中国为首的新兴经济体成了引领当前仍受过度杠杆化的发达经济体结构性损害的全球经济的强劲火车头。

——默罕默德·埃里安（Mohamed A. El-Erian）

《人间游戏》（*The Only Game in Town*，2016）

今天的中国好比是在对美国的领导力进行一场罗尔沙赫氏测验（Rorschach test）[①]。我们如何应对中国既互相矛盾又

① 罗尔沙赫氏测验通常被称作墨迹测试，它利用了两侧大致对称的、模糊不清的和模棱两可的墨迹图。其原理是，一个人对墨迹图的主观描述，会将其隐藏在潜意识中的欲望、需求和动机冲突等反映到刺激上。以瑞士著名心理学家和精神病学家赫尔曼·罗尔沙赫（Hermann Rorschach）命名。——译者注

相互冲突的社会景象——大城市里有一幢幢高楼大厦，这些高楼大厦紧挨着拥有世界大部分制造能力的工业园区；军事猜谜游戏和网络战争侵略伴随着货币政治才能和大肆挥霍；混合着污染困境的增长奇迹等等——很可能将决定美国的未来。

上述每一幕景象都包含一个重要的真实因素。但是，领导力需要选择、优先排序和战略洞见。试图立刻对所有的现象做出回应，并不会带来一项连贯的或精细的政策，而是会产生一连串的痉挛性反应，正如我们从奥巴马政府身上看到的那样。一方面，它通过对二氧化碳减排的愚蠢和虚假承诺来讨好中国；另一方面，它又派遣军舰驶入南沙群岛，阻碍中国采取对南海岛礁宣示主权的举动。它刚刚对中国莫须有的货币"操控"进行了谴责，却很快又对中国参与扩大太平洋贸易或气候变化协议做出热切恳求。

从右派分子身上，我们也可以看到愚蠢的强硬姿态和盲目的简化理论。当里根总统的政府预算主任——颇具煽动性的戴维·斯托克曼，把中国描述为"巨大的庞氏骗局"或"全国13亿人……在疯狂地建造、借贷、投机、规划、欺诈、说谎和偷盗"时，是否真的就意味着情况如此？[1]

当唐纳德·特朗普歇斯底里地喊到"你必须采取行动遏制中国，他们正在使美国难以赢得竞争优势"时，他脑海里究竟在想什么？他举了似乎灾难性的因人民币对美元贬值3%~4%而造成不公平贸易的例子。但正如经济学家约翰·莫尔丁所指出的："一个简单的事实是，（在最近的轻微贬值之前）中国的人民币过去5年来'升值'了20%。"他补充说，根据干预的活跃度测算，在这同一段时期内，"美联储才是全世界首屈一指的货币操纵者"。"特朗普和所有空谈中国货币操纵的人士，只具备了鹦鹉学舌一样的经济理解能力。"

斯托克曼的指责显得更加有趣，因为它以大量令人惊讶的数据为基础。事实上，中国在过去20多年里所生产的钢材是美、日两国之和的10倍还要多，而且中国"在过去3年里消耗的水泥比美国整个20世纪还要多"，这确实极其惊人。据报道，中国信贷市场规模由2000年的1万亿美元飙升到如今的25万亿美元，这似乎使斯托克曼反对中国货币过剩的例证有了一定的合理性。他总结道，"这种随意诉诸印钞机的做法"已导致中国出现一个"畸形的经济"，其充斥着"难以支撑更长时间的不可能性的巨大集合。中国经济最终将陷入一场严重的危机，并使过去20年来的全球金融泡沫瞬间破裂，这只是时间早晚的问题"。

中国的货币政策眼下正在威胁整个世界经济——"这只是时间早晚的问题"——的论证，取决于我们看待货币性质及其角色的特定视角。在多大程度上，货币因素决定了商业和技术现实？这个问题困扰我几十年了。

关于这个主题，长期以来罗伯特·蒙代尔一直是我的向导。蒙代尔同阿瑟·拉弗和米尔顿·弗里德曼一起，深刻影响了里根时代的经济学革命。蒙代尔认为，可靠的货币价值是降低税率以促进经济增长的一个必要补充，因此他是布雷顿森林体系下实现的货币稳定的热情支持者。以 1944 年“二战”即将结束之际，各方经过谈判达成协议的新罕布什尔度假胜地——布雷顿森林小镇而得名的布雷顿森林体系，开启了史无前例且难以复制的持续 25 年的年均 2.8% 的全球经济增长。

布雷顿森林体系的黄金时代终结于 1971 年，当时包括美国在内的世界大多数经济体，切断了本国货币与黄金的所有关联，这是两个世纪以来的第一次。在这一历史性决定上为尼克松总统提供咨询的正是米尔顿·弗里德曼，他认为不同货币彼此之间应该相互浮动，正如今天我们所看到的那样。

在 1988 年我和弗里德曼一起访问中国之行中，我自己对中国领导层的建议完全跳过了货币问题。我呼吁中国政府鼓励企业家精神的发展壮大，“让 10 亿朵鲜花绽放”。[2]

在被问及 1997 年——这一年中国恢复对香港行使主权——会出现什么情况时，我说：“1997 年中国政府将开始

（重新）接管香港。”当时，我并不认为这真的会发生。时任上海市市长和后来的中国国家主席江泽民，与中国国家领导人邓小平一起，领导了一场在中国沿海所有“保税区”复制香港成功经验的经济特区建设运动。从江泽民任市长的上海市开始，这些保税区以香港作为参照模式，引领创造了我们今天所熟知的“中国奇迹”。

根据邓小平和江泽民的构想，保税区战略迥异于在很大程度上遭遇失败的苏联模式。从计划经济体制解放出来的尝试曾招致阻力。对比之下，保税区战略的激励恰恰相反。每一个在保税区外的人都想进入保税区，这就产生了扩大保税区的压力。

回想 1988 年那时，我并未预感到会发生这些情况。当时我只是说，经济自由的复兴将使中国在 2015 年成为世界最大的经济体。现在，我写作本书时正好是 2015 年。根据购买力平价（PPP）计算，这种预测显然已经应验。[3]

那么，这种成功的实践对货币政策而言意味着什么呢？中国的成功无疑是对弗里德曼货币主义的一个重大经验谴责。中国并未采纳弗里德曼的货币主义或信奉浮动汇率政策。相反地，中国把人民币的价值固定在美元上，这令美国货币主义者颇为失望。而且，中国接受了它最喜欢的经济学家，即米尔顿·弗里德曼的知识对手，也是后来的诺贝尔经济学奖得主罗伯特·蒙代尔的思想。作为供给学派经济学家和金本位制的支持者，蒙代尔信奉固定货币政策。中国还在北京创办了培养企业家的民办大学蒙代尔国际企业家大学（Mundell International University of Entrepreneurship），还有30余所中国高校聘任蒙代尔为名誉教授。

如蒙代尔在几十年前所预测的，国家控制货币已经成了政府管理经济的基石。而被世界大多数国家采纳的弗里德曼的浮动汇率政策，却带来了每24小时交易额高达约5.3万亿美元的全球市场，这使所有的商品和服务市场都相形见绌。[4]然而，浮动汇率既未能驯服金融危机，又未能增进世界贸易或缓和政治冲突。没人能证明它们更加接近于实际价值，因为它们的大幅波动——例如，日元对美元汇率几十年间“每月”以4%左右的平均速率变动——并未反映出相对购买力或其他竞争力测算数据的任何实质性变化。

亦如蒙代尔写的那样，“当弗里德曼预测在浮动汇率下各国将不需要准备金时，他犯了错”，相比于布雷顿森林体系或金本位制“固定汇率下的情形，各国如今需要更多的准备金”。蒙代尔预测，同美元一起，“世界黄金存量在未来很长一段时间内仍将充当一种可行的储备资产”。尽管蒙代尔提出了批评，政府对货币的控制却比以往更加严格。但是，通过中国和其他新兴经济体的实践，蒙代尔和那些坚持固定或挂钩货币的信徒很可能在未来大行其道。

也许货币能够以网络数字的形式，或者以同黄金间的一种新型关系，独立存在于政治体系之外。它并不需要中央银行的管理。每24小时就会产生5万多亿美元的交易，以“铸造”一种全球性的纸币，其所消耗的精力和努力，应该转向生产性的创业活动。

在资本用同一个度量标准表示，从而可以自由流动的世界，贸易并不一定会实现平衡。资本和贸易是互补性的因素。其中一方增加时，另一方便会减少。资本比商品和服务更具灵活性和弹性，资本的流动可以带来贸易的流动。一家中国公司必须选择将其美元现金用于购买商品，还是把它们投资到美国。今天，受美国技术的吸引，许多中国人迫切想持有美国公司的股份。因此，跨国投资可以塑造贸易平衡（而非如大多数经济学家假定的那样正好相反）。

眼下，黄金消费不只在中国，在亚洲许多其他地区也都方兴未艾，它已经成为世界经济增长和资本主义发展的新引擎。同时，这些地区的税率在相当于西方国家1/3~1/2的水平区间广泛波动。[5] 2014年，中国不仅进口了价值达700亿美元的实货黄金，首次超过作为资本主义国家的印度，成为世界第一大黄金进口国，而且含蓄地依靠黄金作为本国问题重重的银行的货币稳定器。[6]

令美国传统经济学家懊恼的是，大多数时候中国都选择不加入浮动汇率体系，且有效地将人民币与美元绑定在了一起。由于拒绝实行货币浮动和对华盛顿美元贬值论者的抵制，中国对美国的贸易顺差出现了大幅增长。但是，也因为抑制人民币价值波动和支持强势美元，鼓吹由美联储稳定操纵货币的美国政客和政府官员，频频指责中国政府“操纵货币”。

在企图平息一长串全然无法平息的敌人时，美国总是把中国（也许是我们最重要的经济伙伴）当作对手，因为中国经常在全球变暖、美元贬值和网络政策等问题上和美国态度不一致。

美国的斥责始于 2010 年 6 月。当时，美国财政部长蒂莫西 · 盖特纳的高谈阔论聚焦于两个高度疑难的问题上，可以说它们同中美两国的利益息息相关：出于对全球气候的考虑而抑制能源产出（一个盖特纳先生并不擅长的专业话题）的必要性，以及人民币对美元实行升值的必要性。5 年后，中国终于允许市场力量影响人民币价值，但其结果却是人民币对美元出现了贬值，这和当时美国方面的指责恰恰相反。

在网络领域，我们针对中国的一些做法也是反应过激了。虽然中国拥有数量相当于美国两倍的网络用户，且生产着数量可观的网络设备，但中国产生的网络病毒和诈骗却比美国少得多。保护网络信息是美国企业及其保障性机构的责任，而非美国国务院的责任。

亚洲市场经济在中国的复兴，依然是过去 30 年来全世界最重要的积极事件。它把数十亿民众从贫穷和压迫中解放出来，使中国成为美国不可或缺的合作方。

包括台湾在内的大中华地区，是网络赖以正常运行的微芯片、计算机和网络设备的世界主要制造地和组装地。如著名化学家阿瑟 · 罗宾逊在其通讯文章《能源获取》（Access to Energy）中所报道的，几乎所有的美国先进电子工业都依靠稀土元素来提高微芯片的效能，而近乎全球垄断的中国企业，高度控制着这种稀土资源。

美国对中国经济和军事稳定的依赖，恰如中国对美国重要市场、储备资金和全球资本主义贸易体系的依赖。为了使中国在全球变暖、美元走弱或网络管控上做出让步，而牺牲这种居于全球资本主义核心的协同合作，无疑是自我毁灭性的愚蠢做法。难道美国的敌人还不够多吗？

中国人民银行行长周小川是拥有化学和计算机科学专业背景的高材生，是江泽民任内上海实施保税区战略的重要成员，而上海则是中国奇迹的经济中心。几十年来，周小川已经成为一名经验丰富的货币理论家和西方鼓吹的浮动汇率体系的尖锐批评者。周小川撰写了大量关于货币政策的论文和专著，2009 年 3 月 24 日，他做了一场颇具远见的演讲，呼吁结束自由浮动汇率体系，恢复 1944 年布雷顿森林会议上凯恩斯提出的“班科”（bancor）国际货币构想。班科将与黄金挂钩，它可以充当计算所有国际商贸价值的单一尺度，被用于测算所有的国际商品和资本流动。

在很大程度上，由于中国政府对经济的正确领导，获得了很大的发展。如今，中国政府支出占 GDP 的比重已经降至 17% 以下，相比而言美国则是 26%。中国甚至已在他们的邮政部门推行股份制改造。与此同时，根据成本高昂且极具破坏性的《萨班斯 – 奥克斯利法案》的会计规则（Sarbanes-Oxley accounting rules）、公平信息披露语音控制和其他弄巧成拙的规则，美国一直在扩大国家对上市公司的控制，这严重损害了 IPO（首次公开募股）市场。长期以来，IPO 好比是美国创业型经济和纳斯达克（NASDAQ）交易所的心脏。而中国则不断放松对证券交易所的管制，并且推动深交所同长期繁荣的香港交易所实现对接。2015 年，中国的 IPO 市场很轻易地超过了美国。仅 2015 年的上半年，中国就推出 221 只 IPO，融资额达 390 亿美元。同一时期，美国推出 96 只 IPO，数量不及中国的一半，融资额为 196.8 亿美元。而且，从质量上说，中国的 IPO 在许多方面比充满网络泡沫和赌博性质的美国更令人敬畏。

中国引领全球 IPO 市场预示着对风险资本的一个大力促进。最近，中国的风险资本交易数量已经超过欧洲，所筹集的风险资金相当于欧洲的 3 倍。虽然在交易规模和交易数量上中国与美国风险资本行业还有将近 45% 的差距，但是硅谷的许多投资已经流向大约 80 家估值超过 10 亿美元的“独角兽公司”，从而避开了美国公开发行市场的过度监管。这是一种颇令人匪夷所思且不可持续的情形。因为，缺乏套利机会，风险资本将不能发挥功能。除非美国效仿中国，着力放松对上市公司的管制，否则中国很快也会在风险资本领域独领风骚。

以 IPO 为象征的硅谷创新型风险资本文化，长期来一直是美国经济增长的主要源泉，它贡献了 21% 的美国 GDP、17% 的就业岗位和大约 60% 的股市市值。当前的监管制度，从美国证券交易委员会（SEC）到美国食品药品监督管理局（FDA），再到美国环保署（EPA），正在削弱这一推动美国经济增长和国家实力强大的引擎。如今，据报道，中国政府的支出已低于美国，再加上中国在风险资本和 IPO 市场的潜在领导力，美国人若仍想象中国将长期落后，无异于自欺欺人。

中国的经济成就——使数亿人摆脱了贫困，比任何国家在任何时期的成绩都更伟大。经济发展明显可以优先于政治民主化。从1982年邓小平提出“致富光荣”起，中国城市居民的收入已经增长了14倍。[7]

中国之所以能在最近25年里引领世界经济增长，一个关键因素是中国并未采纳美国的货币建议。受蒙代尔货币思想的启发，中国在很大程度上摒弃了其他西方经济学家编造的货币扭曲和技巧，取而代之的是使人民币钉住美元政策。

正如周小川很乐意承认的，这并不是一个最优解。但是，同里根总统和克林顿总统采取的“强势美元政策”一起，中国的固定货币政策使美中两国的贸易成了世界经济增长和进步的主轴。参照蒙代尔的指导性建议，中国的货币政策被证明完全胜过了美国对过时的货币主义政策的长期坚持。中国牢牢地掌控着中央银行，美国则因固守货币主义幻觉而付出了惨痛的代价。

第5章
劣币的高昂成本

政府垄断货币不仅导致了对创新和试验的抑制、通货膨胀和货币贬值、金融危机，也导致了不平等。

——马特·里德利（Matt Ridley）

《万物演化》（*The Evolution of Everything*，2015）

近10年的金融危机——伴随持续不断的谣言和战争警报的“大衰退”——见证了美元和黄金之间划时代的交锋。起初，在整个2011年，黄金价格不断飙涨，美元则处境堪忧。主张金本位者声称这无可厚非。

在一系列煽动人心的图书和演讲中，颇有才华的自由主义辩论家彼得·希夫（Peter Schiff），对美元遭到的全面破坏和贵金属的大幅贬值做了预测。[1] 网络上也充斥着关于各种法币、纸币或通货崩溃的预测。

许多警告的目的在于促进各式各样黄金相关类产品的销售。但是，灾难预言者也不乏诚实的一面。比如他们相信，当美联储把“高能”准备金的美元存款增加 5 倍后，美元将遭到极大的冲击。许多人料想，中国和其他持有和使用巨额美元的国家将会联手推翻美元作为世界储备货币的霸权地位。

随后，尽管困难重重，至少像主张硬通货（hardmoney）的经济学家和黄金热衷者所理解的那样，最终崩溃和破产的并非美元，而是黄金。2012—2014 年，黄金对美元的价值缩水了 40%，美元对几乎所有世界主要货币和大宗商品的价值也出现了一个急剧下挫。今天，美元充当着 60% 以上世界贸易的交易媒介，超过一半的全球股票市值以美元标价，美元还参与了 87% 的全球货币交易。[2]

对纸币拥护者而言，教训似乎是不容争辩的。即使在一场全球性货币危机中——其因华盛顿极为宽松的货币政策而加剧，且伴随着刺激购买力的量化宽松，以及一项明确的零利率政策，对美元背后美国政府的充分信任仍然完全胜过了黄金的内在价值和稀缺性。

但是，保罗·克鲁格曼却在他的《纽约时报》专栏文章里幸灾乐祸。他似乎切中了问题的要点。他通过频繁引用米尔顿·弗里德曼关于浮动汇率的案例，不厌其烦地重复自己的论点。[3] 弗里德曼认为，浮动汇率对经济体发生实际变化的反应，要比真实因素对固定本位制的调整更加迅速和容易。在出现严重的贸易失衡时，仅仅一次性地变动货币的价格（即货币的汇率），比变动整个经济体的每一类国内价格、工资、养老金和薪资，以及百货店里每一种商品的成本和租金，从根本上说更加有效。

当一国采取不利于本国企业参与国际竞争的经济政策时，从根本上解决问题就成了当务之急。与仅仅让货币贬值，使本国可以进口更少的外国商品和对外出口更多的商品（进而恢复贸易平衡）不同，一个实行金本位制的国家必须改变其自我拆台的政策。否则，该国将不得不一次性地压低其所有的工资、薪水、成本、物价和政府支出，而这在民主国家几乎是不可能的事。

克鲁格曼通过对比美国和欧盟在本轮大萧条中的经验，来论证自己的观点。欧盟企图在其 14 个成员国中强制推行单一货币（即欧元）规则，不允许采取任何浮动。这种做法似乎是在欧洲大陆范围内对以往全球金本位制的一种效仿。克鲁格曼指出，美国各州之间在经济表现上的巨大差异——在佛罗里达州和内华达州由于房地产泡沫破裂陷入萧条时，得克萨斯州和北达科他州却依靠能源收益欣欣向荣——几乎与欧洲各国之间的差异相当，但是遭受金融危机打击最严重的州，却从由更繁荣的州所提供的联邦纾助资金中获益匪浅。[4]

联邦福利、医疗、教育、社会保障、失业救济、残疾补助和灾害救济，以及其他许多救助措施，弥补了衰退时期国家计划税收收入的损失和减少。8000 亿美元的不良资产救助计划（TARP）使州政府陷入了困境。与此同时，在欧元区，希腊、爱尔兰、西班牙和葡萄牙等国，为了获得德国和其他欧洲主权经济体相对温和的救助，面临着大幅度削减社会服务和福利系统支出的问题。2014 年，美元对几乎所有其他货币的汇率出现了飙升，同时却未产生通货膨胀，这似乎使克鲁格曼及其盟友的观点占了上风。

以美元为首的浮动纸币的表现，不仅使黄金相形见绌，而且胜过了欧洲许多主权国家强制推行的单一价值标准。正如克鲁格曼所言，黄金只是世界各国所采用的一种单一价值标准。克鲁格曼援引米尔顿·弗里德曼的论点说，统一的金本位制将使全球金融陷入混乱，就像统一的欧元本位制所导致的那样。[5]

那么，我们为何要推动废除当前的货币体系呢？原因并不是对一个人们记错的“黄金时代”的非理性怀旧。原因在于，近 15 年如此严重和普遍的经济失败，已经导致对资本主义的全球性憎恶。许多一流的经济学家，如前财政部长劳伦斯·萨默斯和国民经济研究局（NBER）的罗伯特·戈登认为，世界经济正在进入一个“长期增长停滞”时期。它不只是一个周期性的放缓，更是企业家创新和技术进步的永久性衰退。[6]彼得·蒂尔无疑是当今世上最具远见的风险投资哲学家，他提出了世界经济的四种可能性——复发性崩溃、趋于稳定、停滞不前和技术性起飞，其中“朝一个更美好未来的加速起飞最不现实”。[7]

财富从主街向华尔街的被迫转移，加剧了全球经济的低迷。这种转移是如此广泛而深刻，以至于它明显扭曲了财富和收入分配的全球测算，使将近50年令人不可思议的全球生活水平的提高走向了终结。这些灾难的根源在于，对以美国和欧洲大银行为主导的货币和银行惯例的盲目滥用。

联邦法规和其他法律的扩张加强了联邦信贷控制，使其从技术和制造领域转向了房地产部门。通过欧洲的巴塞尔进程（Basel process），这些政策被扩散到了美国之外。

在金融不断肥大的过程中，越来越高的全球利润份额流向了金融机构的关联流动性交易，这些金融机构颇擅长于从货币价值的剧烈波动中获利。政府政策使分散的银行从专注于业务投资，转变为一个个利益寻租者，它们以接近零的利率从美联储借入资金，然后以2%的利率将其贷给财政部，这样就通过有政府或明或暗保证的杠杆，获取了一个可以扩展的无风险利润。

在拿频繁的诉讼及其相关费用和罚金，对银行部门予以告诫时，监管者已经使银行变成了肥得流油的傀儡。它们不时受到鞭打或被人奉承，最终形同虚设。在2000年初的虚假扩张中，政府政策连同非营利组织的支援性诉讼一起，推动美国银行把大部分国内投资资本押在了“住房”上，而住房本质上早已是一种供给过度的消费品。银行和决策者随后把这种错误做法推广到欧洲国家，进而抬高了爱尔兰、西班牙甚至德国银行的抵押担保证券价格。

从这些私人或公众的严重错误中，美国银行业者攫取了高达“2.2万亿美元的钱财，大多以7年期的奖金的形式发放”。[8]华盛顿也从危机中大赚了一笔，不但扩大了符合《多德–弗兰克法案》相关规定的监管和控制，甚至在房利美和房地美破产后充实了住房补贴。2014年10月，像未吸取任何教训一样，纳税人担保抵押贷款的首付比例要求，由本来就不高的5%，被下调至令人哭笑不得的3%。

与此同时，正如戴维·马尔帕斯所写的，自2008年起，由于私人部门信贷占GDP的比重下降，具有重要意义的美国制造和技术公司一直遭受着资本饥渴症的困扰。[9]

政府资金掩盖了这些错误做法给银行带来的诸多不利影响，以及轻微却持久的消费者价格指数（CPI）的上涨。但是，普通美国家庭却经受了伴随医疗、教育、食品、水电价格飙涨，甚至上蹿下跳的能源成本而来的经济打击。[10] 尽管在行政部门和学界的强烈反对下，分散的技术和强势美元一起，缓解了经济冲击，但是破坏已成事实。伴随着劳动时间下降、就业增长乏力、生产率扁平化和家庭破产，中产阶级的实际收入和资产净值出现了一个稳步的恶化。

若非保守派——尽管他们一贯反对政府垄断，却认为货币是一个重要的例外（即世界上所有的权力中，只有货币产生的权力不会败坏）——的妥协让步（自由派也很乐意合作），这种持续的灾难原本可能不会发生。米尔顿·弗里德曼错误地认为，控制货币供给将促使政府去仁慈地稳定货币的价值。恰恰相反，政府往往会利用其对货币的控制，引导货币和信贷远离生产性的创业活动，流向政府自身所偏好的项目、政治捐助者和不适当的政策领域。

这种货币蜕变，使货币由经济活动的媒介变成了信息本身，它阻碍了经济增长，惩罚了储蓄者，并且为虚拟金融而非实际创新提供了报酬。在给所有的估价披上不确定性的"外衣"时，货币操纵缩短了经济体的投资回报期。根据我们时代占支配地位的科学——信息论，当一种媒介发送其自身的信息（线路上稳定）时，即为"噪声"。信道中的噪声会削弱该信道传递正确信息的能力。

通过扰乱各种经济活动，政府资金造成了财富分配“不公”。有别于纯粹的不平等，从乙醇和风车到抵押担保证券和货币对冲等各行各业的参与者，所获得的这些政府的任意支持和特权，实际上损害了资本主义的道德基础和为中产阶级提供机会的经济增长。这一结果并不令人惊讶，或者只是一种偶然的现象。正如世界史上每一位大肆收敛钱财的国王或君主，凯恩斯主义和货币主义的真正目的是，使作为财富衡量手段的货币变成财富本身。这种目的深受政府会出于统治需要，而创造经济财富的虚幻梦想所驱使。但是，改变测量尺度从未能改善创造经济价值的过程。

第6章

信息论中的货币

惊奇是智慧的起点。

——戴维·盖勒特（David Gelernter）

要想理解流行的货币主义信条的谬误，必须注意到它的有害影响不仅仅局限于通货膨胀。劣币的问题并不在于其价值会趋近于所印发的纸币的价值，实际情况要更加糟糕。通过扭曲所有价格的信息基础，劣币使企业家变得愚笨；它蒙蔽了储蓄者，助长了暴政。

例如，利率反映了整个经济的平均预期收益。通过实施接近零利率的政策，美联储使储蓄收益降至零，进而消除了时间成本。美联储告诉我们，今天消费的机会成本为零，而这只有我们明天就死去才成立。这种欺骗伎俩阻碍了经济增长。和创造新资产不同，向未来透支的低成本资金，抬高了当前已有资产的价格。它既不会带来任何新的学习效应或价值，也无法偿还债务。

打着管理货币的旗号，美联储正在企图操控投资者的时间——他们关于当前估值和未来估值的感知。但是时间并非真的可以操控。它是施加于我们所做出的每个财务决策上的一种不可逆力量。美联储的政策只是徒增了储蓄者和投资者的困惑，并且缩短了投资的回报期限，比如在一些颇有影响的交易策略中，投资回报期已经缩短到以毫秒来计算。[1]

关于自由浮动汇率制度的批评，人们提出了两种主要是互补的解决之道：创造新的货币，或者恢复黄金（历史上曾令人尊敬的标准货币元素）本位。从信息论的角度来看，这两种解决之道是趋于一致的，每一种都试图建立一种不可逆的体系，以确保交易或合约不会因私人行为者的出尔反尔，或公共机构人为导致货币升值，而被推翻、伪造或失效。货币作为交易媒介、价值衡量标准和财富储存手段的职能，不能受外部的任意变化所支配。

不可逆性是时间的一个函数。政府对货币和信贷分配的控制，带来了无数的机会，让人们可以以一种政府最喜欢的“孩子总是会赢”的方式，重新开始与时间赛跑。黄金和近年来数字货币试验最主要的吸引人之处，恰恰是它们为我们提供了和时间本身一样不可逆的货币。

热力学第二定律表明，熵作为一种扰乱因子只会不断增加，而且不可逆转。你不可能从蛋卷中重新生成一个鸡蛋，或者重复利用加热了你房屋的能量，或者原样收回从尼亚加拉瀑布飞泻而下的水流。正是熵给物理世界施加了一个不可逆的时间之箭。热力学是不可逆地单向起作用的，它定义了时间的本质。

健全货币（sound money）必须对时空之旅保持敌意。你显然不希望某人追回并重新花掉他给过你的那一笔钱，或者推翻你们已经达成的交易。同理，你不会希望客户要回他们已经付给你的支票，或者政府可以没收你的银行账户。健全货币就好比是科研诚信——这套体系不允许在做完实验之后，随意地操控实验数据。

凭借不易熔铸的化学性质和基于时间的熵提取，黄金获得了不可逆性。在担任 18 世纪的英格兰铸币厂厂长时，艾萨克 · 牛顿花了大量时间，证明黄金不能被轻易切割、伪造或者从其他元素中逆向加工而来。[2] 正如《理性》（*Reason*）杂志的尼克 · 吉莱斯皮（Nick Gillespie）所观察到的，牛顿更像是一个“炼金术士反对者”，而非一个炼金术士。[3] 通过一种加时戳的“区块链”的公开交易的复杂数学和软件算法，比特币和其他数字货币提供了类似的不可逆性。今天的“牛顿们”正在不断地企图对比特币进行切割。

黄金和比特币可以使测量尺度免受物质资本和技术进步，甚至劳动学习曲线的影响。度量标准本身不能是其所测量标的的构成部分。如果量尺会发生变化，以适应经济进步，那么它就不能测度这种进步。为了测度创造性的变化，量尺本身必须不发生变化。一种可免遭市场波动影响的量尺，必须根植于那些市场之外的因素。它必须以某种方式，消除资本、技术和学习效应等因素。就像所有传输到或发送自你智能手机和电脑的网络信息电磁波谱，它必须根植于作为时间整体性之保证的绝对光速。

支配着我们当今时代，并从根本上揭示货币性质的，是库尔特·哥德尔、约翰·冯·诺依曼、艾伦·图灵和克劳德·香农的信息论。信息论告诉我们，信息不是秩序而是混乱。它并非不包含任何消息的可预测的规则，而是意料之外的转调和令人惊讶的细微事物。但是，人类的创造力和惊奇，依赖于从物理定律到货币稳定性的规则矩阵。[4]

信息论推进了信息技术的全球支配地位。从由玻璃光纤组成的万维网，到基于把生命本身作为主要是一个信息系统的生物技术的繁荣，一种全球新体系正在改变我们的生活。其根源并不在人们可以预测的物理和化学的必要载体，而在于生物等级更高层面的创造力和扰乱。信息论作用于认知平面，人类据此开展能够获得学习效应和知识积累的可证伪的试验。

信息论给我们带来的教训是，不可逆的货币不能作为测量尺度本身，并由其所测量的价值来定义。它是一套逻辑体系的组成部分，而且像所有的这类体系一样，它必须以本身之外的价值为基础。它必须根植于不可逆的时间之熵。

当比特币的创始人中田聪和尼克·萨博想投资于新形式的货币时，他们明确地设计了可使计算机技术进步的影响失效的算法。举例来说，恰如摩尔定律改进了被用于确认交易，并使之与比特币区块链（bitcoin blockchain）整为一体的电脑系统一样，算法中的“工作量证明”（proof of work）也相应地变得更有难度，且回报更少。

比特币的“开采者”可以获得他们的特定回报，但他们不能利用他们的超高速装置来促进自己的交易，或从中获取更大的个人回报。不考虑计算机技术的演进，区块链中的每一组交易和新发行的每一单位比特币，都被要求在 10 分钟内进行验证和集成、开采和铸造。比特币不受资本和技术的外在影响，其价值源泉在于纯粹的不可逆的时间流逝。

比特币的理论家们根据与黄金相关的古老经验，确立了这一原则。主要是由于意外事件，黄金在很大程度上消除了资本和技术的影响。随着开采和提取技术的进步，靠近地表的“易采掘”金矿层的耗竭，迫使人们向越来越深、难度更高，且更贫瘠的矿脉储藏层勘探黄金。纵观历史，除了如17世纪秘鲁波托西（Potosi）富矿带等的发现之外，开采新的更深的黄金不断增加的难度，已经抵消了采掘技术的所有进步。结果，黄金成了获取它所需消耗时间的一个永久的和纯粹的测量标准。

黄金无疑是最具货币性的元素，因为它的成本与获取它所需消耗的时间最息息相关。数个世纪以来人类已经集聚的大约34万吨黄金，至今仍然是可得的。几乎所有的世界黄金储备也是可知的。这种可得的黄金供给支配着黄金的价格。从边际上来说，黄金的价值只取决于时间消耗，而非劳动和资本投入总和。

今天，开采1盎司黄金需花费将近1200美元，而1盎司黄金的售价也大致相当。如夸西·科沃腾所表明的，从古至今，世界可得黄金储备的价值走势，几乎总是与世界GDP的价值变动相一致，即占后者的近10%。[5]

尽管存在技术进步和人口增长，黄金存量每年都在增加，且从未下降，近几个世纪以来的年均增长率约为2.5%。[6]因此，黄金是其未来价格始终等于现货价格加上相应时期利率之和的唯一商品。1913年在联邦储备银行创建时就持有的100万美元纸币，到今天的价值是2万美元，缩水了98%。相反，1913年就持有的100万美元的黄金，在今天的价值将是 6200 万美元。[7] 与不可逆的时间相对应，黄金无疑是一种能够保持价值而非丧失价值的货币元素。

许多食物和住房的价格，均取决于时间和劳动成本。如果黄金的价值是一个常数，那么所有的其他价格都可以作为该常数的一个变量。正如北极星为天文导航和天文学提供了一个固定的参照那样，黄金也为各种各样的商品和服务提供了一个固定的参照。[8] 切断美元和黄金之间的关联，就打破了我们和时间之间的关联，降低了劳动的价值，进而成了美国中产阶级衰落的根源。

当美元和黄金之间的纽带在 1971 年开始出现断裂时，政府引导不动产变成美元贬值的避难所，并使美国从一个工业强国退化为一个金融和消费的赌场。

我们不妨拿这种取消黄金和比特币中的资本元素的做法，同支配当前各国货币汇率的国际货币交易体系做一对比。目前，国际市场上每天的货币交易额高达 5.3 万亿美元，这使所有的全球股市相形见绌，而且比全球所有商品和服务贸易总额的 73 倍还多。[9] 为了应对货币汇率变动的洪流，银行在信息技术上花费了 5000 亿美元，远高于所有其他部门的计算机费用支出。[10] 如今，为了维持测量尺度的正常工作，在电脑设备上花费的成本，比用于制造新商品的全球信息技术支出要高 20% 以上。此外，这项工作还导致了一个波动无常，而非稳步上升的银行利润比例。

换句话说，我们当前的浮动汇率体系，并没有消除资本、技术和学习曲线的影响。相反，资本、技术、企业家的独创性和政府权力等在很大程度上决定了金融体系的收益。在私人铸币税（即得自于货币创造的利润）的情形下，规模最大的交易者攫取了数千亿美元的钱财，也就是相当于每年从设定测量尺度中所获得的美元数额。因此，浮动汇率体系根本不是一个测量尺度，而是一片银行可以从中谋取收益的投机性的货币汪洋。以一种看起来颇令人不舒服的类似于保护税的形式，银行将其当作通过它们进行货币对冲的公司的一种“波动税”，提取了这些利润。

转向一种以比特币或其他网络数字货币标准为补充的现代金本位制，将会消除所有这类有利可图的泡沫。在金本位制下，贸易失衡几乎毫无意义。资本的自由流动可以纠正任何失衡，这种流动尤甚于商品和服务的流动，并且决定了贸易收支余额。在金本位制下，世界经历了持续近两个世纪全球贸易和投资的不断扩张，其间，经常账户没有出现任何表面上的失衡。例如，在 200 年间，美国几乎年复一年地经受着贸易赤字，但同时却日益崛起为一个在世界经济中占据支配地位的国家。[11] 如果美国能重返根植于时间的稳定货币，

21 世纪仍将具备极大的竞争力。

但是，为了充分理解货币，我们首先应该考虑隐藏在最彻底的数字货币试验背后的哲学问题。

第 7 章

比特币的经验教训

对互联网而言，比特币……是一种完美的货币形式，因为它交易迅速、安全且无边界……本质上，比特币的铸造分散了货币发行权，削弱了中央银行的功能……（它）已经开启了一波货币、金融服务、经济学、分配体制、表决制度、公司治理和合约等领域的创新浪潮。

——安德鲁·安托纳波洛斯（Andreas Antonopoulos）

《精通比特币》（*Mastering Bitcoin*，2015）

如今，自上而下关于货币的已有理论，面临着来自网络数字替代货币和频繁呼吁重回黄金本位的各种挑战。这些货币形式都能摆脱中央集权的垄断货币体系。它们提供的货币体系，证实了弗里德曼关于自由的令人信服的理论，而非他的关于控制的错误认识。

黄金消费在亚洲国家一直方兴未艾，其已经成为世界经济增长和资本主义的动力因素，那里的黄金消费税率通常在西方国家的 1/3~1/2 之间。[1]

与此同时，在全球范围内，线下交易正在转向网络交易。虽然网上购物仍然只占所有商业交易的 6%~7%，网络交易却正在迅猛扩张之中。[2] 在网络上，技术变革日益加速，诸如比特币及其模仿者等数字货币不断取得进展，人们的不满情绪也随着普遍盛行的官僚主义的货币、杂费、欺诈、行政腔调和违约，以及第三方托管“迷宫”而逐渐升温。

要在网上购买某物，你通常必须给供应商提供足够的信息——信用卡卡号、有效期限、地址、验证码、母亲的娘家姓等等，以防止他人对你进行诈骗，或者盗用你的身份。因此，这些信息必须以高昂的成本，在设置防火墙的中央资源库和专用网上予以保护，因为它们都是最容易受黑客袭击的目标。

由于日常交易费用受制于线下金融基础设施，微支付变得很不经济，而且网络也充斥着大量虚假的免费商品、伪造的合约和弹出式广告。大约 36% 的网页具有欺骗性，它们夹杂着粗心大意的上网者发布和扩散的不实信息。[3] 与此同时，硅谷正在发展成为一个布满传感器和设备的“物联网”——从心脏监测器和“智能电网”仪表，到自动化汽车和供热系统，连接着网上方方面面的资源，且必须依靠安全的不必借助于线下中介的自动交易。与其说全球货币改革是一个遥不可及的梦想，不如说它是一种日渐紧迫的必要举措。黄金和数字货币共同提供了一个对货币之谜的崭新的解决之道。尽管存在许多潜在的竞争者，比特币仍然是目前最完整且经过考验的，不需要中央集权式管理的数字货币形式。比特币根植于时间之中，它同样具有使黄金成为典型的货币元素的价值稳定性。

对互联网而言，比特币提供了一个其迫切需要的，基于公开而非隐私的新安全模式。隐私只会刺激针对提供隐私的中央资源库和保护隐私的所谓安全网络的黑客行为。比特币好比是一个公开的交易分类账（ledger），由于在世界各地数百万台潜在的电脑上公开发布，它不会被滥用、操纵或者篡改。

比特币分类账利用数学散列工具来合并每一笔新的交易，后者可通过包含自 2009 年“创世区块”（Genesis block）起就生成的每一笔交易的时戳痕迹得到识别。由于每一个新的交易区块均具有一个包含以往全部区块的精确指纹，故除非改变所有的区块，否则它不会被改变。而且，由于每一笔交易在验证后均传送到所有的联网电脑上，故除非绝大多数联网电脑遭到黑客袭击，否则它不会被取消或改变。

通过披露不必要的个人信息，比特币可以被用于任何网络，尽管有时不太安全。在现有的七层网络基础设施协议上，它建立了一个新的功能层次（第八层），这就像超文本传送协议（http）建立在传输控制协议（HCT）或互联网协议（IP）的网络层上一样。这种新的交易层，可以使识别和安全功能从网络上分离出来。基于信息论的新突破，安全可以是“分层控制结构”，而非等级控制结构，分布在数以百万计被证明安全的、超越网络且网络上不可获取的设备上。它是一个截然不同于现行网络密码、用户名、精确综合导航系统（PINs）、个人令牌和破解补丁的安全范式。

在比特币交易中，不需要披露比现金交易更多的个人信息。由于没有个人信息被转移——相反地，所有这些信息都将得到保持，故不一定要把交易限制在受保护的网络、经加密的银行“快捷”转账单，或者 ATM 网络上。Wi–Fi、蓝牙或者你的手机链接就已足够。用户名、密码和其他身份验证详细资料，不一定需要被存储。企图通过黑客行为袭击其中的一台电脑和篡改区块链的分类账，将是徒劳之举，因为确切的分类账存在于无数其他的电脑上。

但是，黄金仍然是主要的度量标准。事实上，比特币神秘的匿名创始人，某个据称叫“中田聪”的人，在构建数字货币时还专门模仿了黄金。随着时间的流逝，数字货币将变得更加难以被“铸造”。正如黄金那样，数字货币的价值最终以其稀缺性为基础。它并非黄金的竞争者，而是一种模仿货币金属特征的网络货币，它提供了一个建立受黄金启发的网络标准的途径。

理解任何类型的货币，都必须就黄金的内涵达成共识。在新货币信息论中，弗里德曼关于货币流通速率所犯错误的深层含义，成了至关重要的线索。

今天，有关货币的最复杂的阐述，源于对数字货币和密码学的研究，正是后者催生了比特币。在 1999 年 1 月比特币正式诞生之前的 10 年里，中田聪就在网上数以千计加密布告栏的帖子中阐述了他的想法。为了发明比特币，这一努力首先需要精通关于黄金的理论，然后对它进行改造。在这个过程中，人们重新深入地认识了货币流通速率和时间的重要性。

这场运动的领军人物是哲学家尼克·萨博，他把自己关于数字货币的最早建议命名为“比特金”（bitgold）。作为一名睿智的货币问题分析家和货币史学家，萨博在 20 世纪 90 年代就对德雷克斯勒的纳米技术运动提出了挑战。他梦想能利用纳米复制基因重新合成一种新分子，且承诺给任何能从乐高积木或其他类似于玩具的潜在复制基因中，创造出宏观复制基因的人提供重奖。如果不能合成一种宏观复制基因，我们很可能就没有指望通过纳米钳子和电子显微镜合成它。[4]结果，没有人声称自己有资格领取该奖项。从那时起，萨博把注意力放在了似乎更容易解决的货币和黄金之谜上。

尽管遭到萨博本人的否认，但长期以来他一直被怀疑就是中田聪。而且，一些分析人士已经表明，他的文章比其他人的文章与中田聪论述比特币的文章，在风格上更为一致。早在20世纪90年代初，萨博就因对网络匿名和假名战略的敏锐思考而颇负盛名。现在，萨博偶尔会在一份名为《不计其数》（*Unenumerated*）[5]的杂志上，就货币问题撰写简短的原创博客，但它们很少或从不会轻易被传到网上。

萨博认为，货币并非因其能承载多重价值维度取得成功，而是因为它排除了类似的不可能计算的必要。虽然许多自由市场思想家坚称，货币度量了商品的价值，但这种假设未免过于简单。商品的价值可能会远远超过它们的价格。一个经济体中的大量价值，来源于经济学家所谓的“消费者剩余”，也即我们愿意为某物支付的心理价格和实际支付价格之间的差额。

货币永远不可能是商品和服务内在价值的精确测量，它只是促进了交易。任何能使经济摆脱预先计划的易货交易的方法，都会带来巨大的好处。“对能真实反映价值的某物进行测量并不容易……要测量与价值有关或可免于欺骗的某物的价值则难上加难，”萨博写道，“创造任何关于价值的事物均需要某种代价……既然缺乏一个全球最优化的以货易货的完美交易市场，（我们不能）直接测度某物的价值，但我们可以通过测量其他某物的价值来间接估算其价值。”

萨博认为，这里的“其他某物”就是“时间”：“时间测度了‘投入’而非‘产出’……测度了所付出的‘成本’而非所产生的‘结果’。”萨博把对货币的推崇理解为时间对奴隶的解放。可靠的、可识别的计时器——钟表和钟塔——的发明，使工人从计件工作中解放出来。计件工作需要严格控制来计算产品件数，并且更偏向于数量而非质量、奴役而非自由劳动。

时间即金钱是隐含在黄金价值和作为数字黄金形式之一得以创造的比特币背后的至关重要的洞见。但如果缺乏对流通速率的理解，这一理论将是不完备的。萨博认为，流通速率是使货币区别于其他商品的关键要素。在人类历史上，各种各样的商品从仅仅是消费品演化成收藏品，并进而演化成可穿戴的装饰品和项链。在相变中，由蛤壳制成的串珠偶尔也会变成“贝壳币”（wampum）。因此，我们可以“掏出贝壳币”来购买物品。正如萨博解释的，这种向货币的质变发生在一种物品作为交易中介的价值压倒了其作为收藏品的价值时，或者如他所指出的，发生在“流通速率和现值之比”提高时。他援引了新阿姆斯特丹（纽约最早的称呼）的历史，17 世纪时，新阿姆斯特丹曾有一名荷兰企业家在他的银行里持有大量的贝壳币债权。印度的装饰品也已跨过流通速率的障碍，变成了间接交易的一种载体，也就是具备了真实货币的功能。

许多人相信，货币必定是从诸如贝壳币或黄金等商品开始，然后才演变成一种交易媒介的。但是萨博认为，一旦贝壳币变成货币后，其作为珠宝的角色就会大大削弱，变得像黄金饰品和黄金货币之间那样没有多大关联。货币并非别的某物，它不是一种商品，它本质上是对价值的一种统一度量。

许多批评者认为，中田聪已经通过拒绝保证结果，摧毁了这套体系。他们希望中田聪的计算难题，可以充当验证交易和完成“良好工作”的“工作量证明”。他们希望比特币的计算指令，能帮助癌症疗法算出复杂的蛋白质折叠子，或者能为发现其他太空智能生物，承担搜寻地外文明（SETI）的工作，或者能透析全球变暖模式的复杂反馈环路。但是，任一测量尺度都不能是其测量标的的一部分。货币通过测算价值而产生了价值。如果这样做已经被认为是有价值的，则货币只会变成另一种自我参照的循环，其中精英可以决定什么应该被认为是重要的。

黄金之所以能充当货币，不是因为它闪闪发亮和晶莹剔透，而是因为它具备交易媒介必须具备的，像货币那样的流通速率的特性。正如白盒顾问（Whitebox Advisors）的理查德·维吉兰特以切斯特顿式的（Chestertonian）沉着所观察到的，“货币并非因为它事实上是珠宝而有价值，珠宝却因为它事实上是货币而有价值”。[6]

货币问题的关键在于流通速率，也就是货币作为交易媒介的周转率。货币作为交易媒介的价值，必定超过了它充当其他用途的价值，否则它绝不可能成为货币。货币在其作用频域行使职责，并且我们可以计算它的流通速率和振幅。货币投资的威力，将以相关投资所产生的学习曲线的振幅的平方增长。

萨博的基本观点，同我当年和弗里德曼有争议的观点如出一辙。用经济学术语来讲，流通速率占据着主导地位。从道德意义上讲，流通速率等同于我们的自由。我们占据着主导地位，正是因为我们有能力学习。

第8章

“哈耶克币”存在的问题

意大利金融界出现了一种对通行货币的批评声音，它不仅指向美元和欧元等法定货币，而且指向黄金及其数字模仿者。我们不妨严肃对待这种批评，看看从新货币信息论的角度，我们能从中学到哪些经验教训。

费迪南多·阿梅切诺对货币有着深刻见解。他既能看到美元的表象，又能在非常光滑的富兰克林颌（Ben Franklin jowls）中发现肉毒素。阿梅切诺一开始是名物理学家，他把自己描述为“肥胖的、矮小的、秃顶的、丑陋的”中年书呆子，戴着红色的眼镜框，留有一头时尚的卷发。像所有的“数字分析专家”一样，他是数学和事物相互作用分析领域的大师级人物。2010 年，阿梅切诺开发出了用于金融数字分析的开源 QuantLib 框架。正如他所描述的，“QuantLib 是一个专注于现实生活中的建模、定价、交易和风险管理的，免费的开源数字金融 C++ 图书馆”。[1] 世界各地的衍生品交易员都在利用这一平台，为自己的决策提供参考。

阿梅切诺以听起来颇像史蒂夫·福布斯的口吻强调说，“当货币的价值发生改变时……随之改变的不仅是一种商品的价值，而是衡量任何一种商品的单位的价值”。他警告称，“如果说高通货膨胀好比是货币的心脏病发作，那么持续的通货紧缩就好比是货币的癌症”。[2] 他还说，黄金和比特币都表现出了一种致命的通货紧缩偏差。

“过去 20 年来，”阿梅切诺指出，“越来越明显的一点是，建立在法定货币基础上的银行体系，并不足以应付由移动通信、互联网和社交网络等所定义的新兴数字领域……随着人人都习惯于随身携带手机和平板电脑，在视频和影音娱乐上花费更多时间，以及直接访问海量信息资源，对能随时利用一套完全有效和公正的金融及银行系统的期待不断上升。”[3]

但在阿梅切诺看来，黄金和数字黄金货币均不能扮演这种角色，因为它们都存在通货紧缩偏差。为了支持他的论述，阿梅切诺援引了弗里德里希·哈耶克的观点。作为杰出的奥地利学派经济学家，哈耶克对以黄金为支撑的私人货币提出了类似的反对意见：“由于黄金的价值在其需求增加时会上升，其被证明是一项非常好的投资，但是这一确凿的事实说明它明显不适合作为货币。”[4]

阿梅切诺补充说，“比特币（或黄金）贷款的不可行性，同比特币（或黄金）薪水的不可行性有得一比：借款人和雇主都不愿意承担他们的债权或工资负债在未来几年增长近百倍的风险”。[5] 由此他推断，“这便是加密货币的悖论：在成功摆脱任何加入比特币协议的集权货币当局的同时，比特币无意中也抛弃了弹性货币政策的灵活性”。

在一次面向意大利央行的演讲中，阿梅切诺驳斥了比特币在更广泛的使用领域将摆脱其不稳定性的观点：“虽然情况确实如此，但它完全不足以确保价格稳定，正如要稳定欧元和美元等全球接受的货币所必须采取的货币行动表明的那样。”[6]

人们不难想象意大利央行的精英们会对这一观察表示认可。但是，阿梅切诺是一名虔诚的哈耶克主义者，他并不赞成央行所采取的武断政策，或者分散式的点对点货币（peer-to-peer currency）所引发的任意通货紧缩。

作为替代方案，阿梅切诺提出了一种他称之为“哈耶克货币”（Hayek money）的新型货币想法。我们不妨把它们叫作“哈耶克币”。通过频繁地重新设定价值以对应商品指数的变动，这些哈耶克币能克服普遍认为的黄金或比特币作为计算单位所存在的波动性问题。阿梅切诺提出，可以使数字货币体系中的所有手持现金有规律地在计算单位上下浮动，以便与指数变动保持一致。如果你在指数为 100 时持有 50 单位哈耶克币，那么当指数变为 200 时，你将持有 100 单位哈耶克币。

一些非正统的标新立异者，对这种个人钱包中的数量变化做出了回应，如意大利的相关专家就指出，中央银行正在做同样的事。这些央行经常操纵自己的数字钱包——基础货币，在通缩时期采取扩张措施，在通胀时期采取收缩措施。正如阿梅切诺观察到的，央行的这些行为会影响所有的货币持有者，在通缩时期亏空债务人的账户，在通胀时期则亏空债权人的账户。

就像奥地利经济学派所解释的，这些行为也会给实施它们的银行机构带来直接利益，比如铸币税收益，也即源于货币铸造成本及其价值之间差额的收益。中央银行和政府国库获取了绝大部分这种收益。但是，这些数量变化也会使政府货币的早期借款人或贷款人获益颇丰，只要他们能在关联价格变化扩散至整个经济之前就采取正确的行动。

当前，中央银行可以通过一系列换汤不换药的措施改变货币供给，包括购买和抛售国库券的公开市场业务，购买私人债券和其他资产的“量化宽松”政策，对收益曲线和到期资产的适应性“扭曲”，旨在调控银行杠杆率的准备金要求，以及改变货币成本的利率操控，等等。

这些措施在通胀时期并不能使绝大多数货币持有者在数量上获得同比例的增加，而且会使借款人（他们不得不以比此前借款时更高的单位价值偿还贷款）遭受紧缩政策的全部冲击。20 世纪 90 年代末，一场出人意料的幅度高达 26% 的通货紧缩（美元的价值上升），导致数以千计的公司陷入破产，这些公司在使用先进光纤的许多网络扩建领域背负了巨额债务。[7]

相反，哈耶克币将以一种完全公平和成比例的方式，自动地扩大或缩减货币供给，并在所有的货币持有者之间分散这些变化，而不偏向于亲信者、联营银行或其他特殊利益相关者。

哈耶克币只是作为自由主义者的阿梅切诺的提议。哈耶克是自由主义的杰出代表人物之一，他希望货币完全以市场为基础。由于摆脱了垄断和主权国家的扭曲，我们可以依赖一个自动调整的公式管理哈耶克币。如果它不能奏效，其他实体或个人将发明出更有竞争力的货币。哈耶克币将使世界重新回到 19 世纪“自由货币制度”的伊甸乐园。自由货币制度可能已随着国家因铁路和电报得以统一而遭到失败，但在今天，它有望借助网络再一次成为可能。

哈耶克币也是作为银行家的阿梅切诺的提议，阿梅切诺显然信奉货币政策的力量。而且，阿梅切诺提出的货币体系建立在一名经济学家的分析基础上，该经济学家信奉物价指数的有效性。

新货币的发行将取决于一揽子商品的价格变动，包括金银等贵金属，小麦和大豆等标准食品，以及“布伦特原油”和天然气等能源资源。所有这些商品都将从它们相对稳定的单位定义中受益。不管是黄金的金衡盎司、能量的英制热单位还是小麦的标准蒲式耳，这些商品（及其所维系的商品）一个世纪来并未发生性质上或本质上的变化。

作为一名擅长数理分析的经济学家，一名“数量分析专家”，阿梅切诺也相信，可以通过纳入其他相对科学的物价指数来制定合适的指标，如作为一般通胀修正指数的美联储 GDP 平减指数。其他可获得的物价指数还包括商务部的居民消费价格指数（CPI），以及劳工部连续编制的生产者价格指数（PPI）。正如美联储所解释的，最常见类型的通胀测量指标“剔除了价格倾向于频繁出现剧烈涨跌的商品，如食品和能源项目”。因此，“某一时期价格的大幅变动，并不必然伴随着下一时期价格同方向的大幅变动……剔除价格易波动商品的核心通胀测量指标，在评估通货膨胀趋势中非常有用”。[8]

阿梅切诺的优秀论文以突出的明朗笔调，考虑了通行货币理论的基本缺陷。它们均企图在现实世界中找到某种稳定的代理物来“钉住”。“两个相互有别的哈耶克币家族”，可能会钉住不同的商品，阿梅切诺写道，比如“充当传统货币元素的黄金”，以及“石油、谷物和工业金属”。但是，我们已经清楚阿梅切诺和哈耶克对黄金的矛盾心理，而且“石油、谷物和工业金属”表现出更高的波动性。毕竟，谷物和石油恰是最容易被剔除在“核心通胀指标”外的商品。

因此，哈耶克币将把货币政策的关注点，从数量变化移向商品指数构成要素的变化上。这正是美元货币领域已经发生的事，比如对 CPI 采取“特征价格”调整和其他技术性调整。它需要大量来自美国政府以及 OECD（经济合作与发展组织）、联合国、世界银行和其他类似机构的数理经济学家，对市场上所有的价格变动进行跟踪研究。借助于购买力平价（PPP）算法，他们企图估算出哪些变化反映了“真实的”物价水平。例如，麻省理工学院在其称为“贝塔”（β）的综合指数中，就逐一纳入了数百万种全世界范围内的价格。有时，《经济学人》杂志会放弃考虑这些复杂性，以一种无为的态度编制一个全球“汉堡”指数。另一些人则倾向于一种把西装价格和 1 盎司黄金联系在一起的“布鲁克斯兄弟指数”。[9]

在哈耶克币体系下，对估值和套利所依据的一揽子商品的管理成了重中之重。因此，政治经济学的核心问题变成了管理一揽子商品的程序和时机问题。我们已经知道，阿梅切诺（可以推断哈耶克也一样）对由黄金扮演这种角色提出了质疑，因为黄金存在通货紧缩偏差。阿梅切诺提议采用一种通过“不依赖于强势第三方权威机构的有弹性的共识过程”确定的商品价格指数。他似乎更偏好一种受谷物和布伦特原油价格严重影响的指数，且企图表明这样的指数将带来相对稳定的价格。

阿梅切诺援引了哈耶克的论述：“商品重要性的变化，商品的交易量，以及商品价格（特别是价格由竞争或垄断决定的程度）的相对稳定性或敏感性，可能会带来相应改变，以使货币更加受人欢迎。”[10]阿梅切诺称，“绿色能源技术的重大突破”是一个极端例子，它或许会使石油变得无用。布伦特原油也是同样的道理。

然而，阿梅切诺认为的能源技术可能产生的外在重大突破，事实上却是整个创新型经济的基础条件。现有的一切商品和服务都很容易受到创新的冲击，如约瑟夫·熊彼特所指出的，这正是资本主义的法则。把它当作例外事件或异常事件是一个基本错误。

资本主义的信息理论将增长定义为“学习效应”。它的微观经济表现是个体企业和整个行业的学习曲线或经验曲线。正如我们在第 2 章所述，它是所有创业活动中呈现最彻底的现象，它使任何商品或服务的生产成本随着销售总量的每一次翻倍而下降 20%~30%。

最关键的是，学习曲线扩展到了消费者身上，消费者将学会如何使用产品，及其价格下跌的同时不断增加的多种用途。例如，苹果手机成千上万应用程序的扩散，便代表了使用者的学习曲线与苹果公司的学习曲线大抵相当。

所有这些曲线证明了增长和学习作为资本主义变革之核心准则的本质特征。稳健的货币管理不能只关注于在现有的日益繁杂和不断变化的商品和服务中寻找稳定要素。这些切实发生的变化正是货币所必须衡量的。唯一可行的政策目标是力图在过去与未来之间保持中性。这需要的不是行业或区域之间的公正，而是按年代顺序排列的公正，即不是空间上的公正，而是时间上的公正。

阿梅切诺以全部专业自信所倡导的是，货币政策会屈服于经济体中最稳定恒久的利益集团的利益——这些利益集团已经超越了学习曲线，到了一个通过大量政治游说为漂移成本进行辩护的高地。这些便是前文提到的一揽子“商品”。恰恰是像后视镜一样的货币政策，反映了“俯卧行业”①（recumbent sectors）对保护其免遭更具创造性的国内外竞争

① 这里喻指那些已经较为成熟稳定的，不思进取且抵制创新的行业和经济部门。——译者注

对手损害的需要。

通过寻求将通货膨胀偏差传递给价格，商品篮子倾向于产生一个激起货币贬值的贸易战的零和博弈。一揽子“商品”成了经济体按照零和博弈规则运行的集中体现，它们侵蚀了创新的进展成果，它们的价格倾向于向上漂移，并且扭曲了货币的时间价值。

黄金的赎回力在于它的时间中性，因此它会一直定向未来。哈耶克币将以一个基于时间稀缺性和学习丰富性的可预测的通货紧缩，来替代一个过时的商品篮子。

从定义上看，商品是低熵的。但是，如果所有的估值和套利都以它们为根据，则政策将在商品篮子及其构成上趋于一致。那么，一揽子代表性商品有哪些构成成分呢？在现行的经济结构中，对商品的后顾型选择至关重要。它代表了过去的经济，由成熟产品和要素组成。这些商品已达到能使自身超越学习曲线迅速移动部分的规模。作为货币指数的关键要素，这些商品把通货膨胀偏差植入经济体中，对未来做出判罚，给借款人提供回报，并且惩罚了投资者。

黄金的优势在于，它并非把估值扎根于对过去进行取样的某种政治化过程，而是将其扎根于富足的资本主义经济残留的稀缺性。通货紧缩偏差反映了富足并且富有创造力的资本主义经济，抵抗不可逆的时间流逝这一现实。

对主观性的奥地利经济学派而言，时间提供了一个客观依据。为了寻找价值体系所锚定的商品，阿梅切诺最终应该圈定黄金，因为黄金和时间的不可逆性密切相关。最终，检验比特币或任何其他区块链的将是黄金的价格。在一个成熟的比特币体系中，如果黄金链大规模地偏离区块链，则将预示着价值的扭曲和混乱。正如比特币本身一样，大多数使用者会判定哪些区块包含了经济事实。[11]

自 2009 年诞生以来，比特币的价格波动与金价波动之间的相关度为 80.4%。[12] 比特币相对较小的浮动掩盖了更大的波动性。但是，它在 2014 年紧随金价的下挫不应令人感到担忧。只有当比特币发展成一种有实际意义的货币后，它同黄金之间根植于“时间”的亲密关系，才会变得越来越明显。

保守派的货币理论未能解答这些问题。现在，让我们转向最早的左派货币理论家，看看他们的是非得失在哪里。

第9章

皮凯蒂－特纳命题

平均主义者似乎从未弄明白，促进理论上的经济平等意味着在实践中激发怨恨和两极分化，使所有人处境更糟。

——托马斯·索维尔（2016）

左派人士没错，现行政策确实正在加剧所谓的“不平等”，不公正地奖励非生产性的财富。当曼哈顿的公寓租金一飞冲天之际，除了怎样把自己的房产变现成 ATM（只要经济繁荣持续）外，人们没有学到任何东西。华尔街和华盛顿一起，正在迫使硅谷玩独角兽游戏，与此同时，主街却面临着丧失债务止赎权和发展停滞的局面。

但是，左派人士在诊断经济病因和理解治愈之道上犯了错。在大西洋彼岸的法国和英国，有影响力的人物已经意识到金融肥大症问题，他们提倡一种新的经济理论。一些政治候选人提出了具有突破性的政策，试图能产生同被认为终结了大萧条的“新政”一样深远的影响。

我们已经看到，作为财富分配不均问题的有力鞭笞者，以及拥有哈佛和麻省理工履历的学界新秀，法国经济学家托马斯·皮凯蒂正在通过《21 世纪资本论》(*Capital in the Twenty-First Century*)① 和新“资本主义法则”，刺激公众的神经。[1] 皮凯蒂警告说，一个增长停滞的社会在金融和房地产上将变得越来越臃肿。资本和遗产的过剩积累将会葬送整个未来，因为企业家只会变成旧财富的食利者。

从 20 世纪 70 年代初到 21 世纪头 10 年，随着经济的衰退，金融肥大症变得越来越明显。发达经济体的组合金融资产和负债规模，由相当于国民收入的 4~5 倍，骤升到今天相当于国民收入的 10~15 倍（美国、日本和法国），在世界金融中心英国，更是达到了20倍。恰如皮凯蒂的分析范式表明的，伴随这种金融臃肿——我所谓的“肥大”的后果[2]——而来的是增长滞缓和不平等的上升。

皮凯蒂可能会惊讶地发现，许多美国保守派都赞同他的分析。如果出现增长崩溃而货币继续扩张，经济体中的金融和房地产部门将不断膨胀。这样的经济必定会招致来自政界

① 该书中文版已于 2014 年由中信出版社出版。——编者注

的方方面面的尖锐批评。

阿代尔·特纳（Adair Turner）爵士可谓紧随皮凯蒂的步伐，他在2008年金融危机高潮时成了英国银行业主管机构——英国金融服务管理局（FSA）的主席。2015年，特纳当选伦敦新经济思维研究所（INET）的理事会主席，并以一本引人瞩目的新著《债务和魔鬼》(*Between Debt and the Devil*) ① 盖过了皮凯蒂的风头，该书采用类似的范式分析当前财富分配不均等趋势。[3] 皮凯蒂和特纳都把自己的思想归入诺贝尔经济学奖得主美国经济学家保罗·克鲁格曼和约瑟夫·斯蒂格利茨（Joseph Stiglitz）一派，他们认为“不平等的代价”是增长缓慢和长期停滞。[4] 他们确实有理由认为，造成经济长期停滞的政府政策所导致的不可避免的后果，是不平等和富有阶层的不正当得利，因为后者有财力从国家那里获取影响力和偏好产品。

作为冷静睿智的亿万富翁和哲学家卡尔·波普尔的信徒（从左派角度来看），乔治·索罗斯对“新经济思维”这种令人催眠的粉饰进行了深思。（从右派角度来看，我赞同把波普尔的经验主义视为资本主义认知成就的一个关键原因。）索罗斯对“市场自反性”（market reflexivity）理论做了详细

① 该书中文版已于2016年由中信出版社出版。——编者注

阐述。根据该理论，市场结果更少地源于固定“事实”和基础条件，更多地源于投资者观念和策略的相互作用，后两者在复杂的反馈环路中决定了前两者。[5]作为货币交易员的绝对权威，索罗斯准确地描述了他所深谙其道的市场。索罗斯不仅为皮凯蒂和特纳的前述著作提供了部分资助，而且共同创办了新经济思维研究所，他称赞《债务和魔鬼》一书为“自2008年金融危机以来……（对相关问题）所做的最透彻的分析”。我完全同意他的这种观点。

在一个关于我们经济困境的不寻常的右派—左派共识中，特纳得出了和皮凯蒂大致相同的结论。在描述金融臃肿时，特纳的书开篇就写道：“在2007—2008年危机以前的几十年里，金融部门相对于实体经济的体量越来越大。其占美国和英国经济的比重，在1950年至21世纪初增长了3倍。股市成交量占GDP的比重也出现了显著提高。平均而言，发达经济体的私人部门债务，由1950年占国民收入的50%，上升到2006年的170%……从1980年起，又因证券化和衍生品等金融创新而出现涡轮式的增长；截至2008年，未偿付的衍生品合约达到了400万亿美元。”[6]

像皮凯蒂一样，特纳引用了亨利·乔治的洞见。一个多世纪以前，亨利·乔治在《进步与贫困》（*Progress and Poverty*）一书中，描述了财富凝固在稀缺的城市地区的趋势。[7]针对基本问题，特纳称："银行信贷潜在的无限供给，与房地产和特定区位土地高度弹性供给之间的相互作用，是造成金融不稳定的核心原因之一……不断上涨的房价和地价，一直是托马斯·皮凯蒂所表明的财富收入比率上升不可避免的支配性动力……因此，信贷和房地产价格周期，不只是金融不稳定（和不平等）故事的一部分……它们几乎构成了故事的全部。"[8]

特纳援引了"赢者通吃"的信息和通信技术行业中异常低的资本密集度，作为对当前资金涌向房地产部门的一个解释。由于软件或宽带的边际生产成本接近于零，相对少的资本投资就能获得更高的回报。赚取了这笔巨额收益的人，倾向于将其投到唯一能吸纳这些资金的经济部门，也就是房地产行业。而且，特纳和皮凯蒂认为，对稀缺房地产的投资是财富递增的一个函数，因此它既是不平等加剧的原因，也是其结果。

房地产在中产阶级的净财富中占据着至关重要的地位。2008 年的大衰退之所以发生，是因为东西部的绝大多数政府和关联银行，疯狂地把资金注入到处在中产阶级和中下阶层边缘群体的证券化抵押房贷中。在一个头重脚轻的增长缓慢的经济中，不平等成了推动人们用信贷代替实际收入和财富的诱因。其结果便是中产阶级的巨额债务积压和最高收入阶层的资产膨胀。

作为对这些混乱的一种补救，皮凯蒂建议征缴一个累进的年度资本税。根据静态分析，这样的税收可能会使资本收益率降至等于GDP的增长速度，进而消除造成头重脚轻的精英财富积累的倾向。皮凯蒂赞成永久性增长放缓的长期经济停滞理论，他很自然地聚焦于降低资本收益率。把钱从富人手里转移到政府手里，似乎能够解决“不平等”问题。但是，通过把资本交到其最低产的生产性使用者（即政客）手上，显然会加剧皮凯蒂警告世人要提防的经济停滞。

特纳和皮凯蒂倡导征收一系列税率高达10%的全球财富税和税率高达80%的新型边际所得税。他们还鼓吹采取针对可替代能源的新监管体制和新的资本管制。特纳提倡实行30%~40%银行准备金率，管制国际资本流动，以及建立一套全球贸易规则体系。由于特纳和皮凯蒂认为2008年的大衰退有多重诱因，他们列出了许多监管工具来对抗大衰退和预防其重发。此外，由于他们把“不平等”而非“停滞”诊断为问题的根源，他们提倡机械性的、解释性的解决之道，这些解决之道并不处理那些人们真正关心的问题和影响我们福利的因素，即机会、创造力和增长。

反观数理经济学家对于全球均衡的见解，这种监管体系事实上需要各个国家在生产和消费、进口和出口之间保持平衡。在新兴国家，将不被允许出现出口导向型增长；在发达经济体，将不被允许存在风险资本和投资的专业化；刺激消费的全球性福利安全网络必须依法缴税；在赢者通吃的全球技术竞赛中，必须实现平等；没有投资资本涌向低税经济体或房地产部门。

和皮凯蒂不同，特纳对“长期增长停滞”这一说法不屑一顾。他希望世界经济重新回到像过去那样更高的增长率上，而且他认为自己知道如何做到这一点。但正如一些保守的货币主义者那样，特纳的错误之处在于，他假设政府对垄断货币的操控是经济增长的关键要素之一。特纳是货币力量的虔诚信徒，他希望银行通过发行维持“充足的名义需求水平”所需的任何规模的货币量，来消除目前的私人信贷高悬。特纳相信，借助于一套通胀控制和通胀警告的宏观总量体系，政府的货币创造比少量准备金银行制度下的私人货币创造，更有利于经济增长。

在特纳看来，货币创造具有无限的充裕度（用米尔顿·弗里德曼的话说，“具有潜在的无限供给”），不管信贷是通过私人银行创造还是通过中央银行“印发”。特纳偏向于央行创造货币，因为它能避开房地产和其他现有的存量资产，流入新的资产领域。他支持政府投资于基础设施建设、教育、医疗保健、技术和其他公共福利事业。在企图增加名义需求中，央行总是能随意地创造存款，且随着时间流逝，能提供任何需要的存款数量。在接近零利率和商品价格崩溃时，通货膨胀似乎成了一个遥远的威胁。

但是，特纳明确地告诫人们，房地产就其本质而言具有稀缺性。如果允许私人银行体系随意创造信贷，那么这些信贷将流向城市土地，城市地价将随新信息经济的财富溢出被迅速推高。和奥地利学派经济学家一样，特纳对少量准备金银行制度持怀疑态度，因为金融机构能将存款扩大数倍注入货币和债务合约。因此特纳倾向于实行高准备金要求和限制国际资本流动。

我们的新货币信息论为我们提供了哪些关于这些药方的洞见呢？在新理论中，特纳—皮凯蒂命题取决于无限时间、有限空间和无穷信息“三和弦”。作为空间界限的代理，对城市和农业土地的选择，吸收了来自货币供应无限扩大的过剩需求。

然而，货币供给的无限扩张也是有限度的，只能达到零利率政策下货币摆脱时间约束所达到的货币规模。如果缺乏任何可靠的度量或约束，名义上的“货币供给”实际上都可以充当一种不可避免的充裕度。但是，健全货币，不管是黄金还是其数字等价物，却是建立在时间稀缺性这一基础上的。事实上，时间总是有限的，而且反映这种有限性的货币，将会限制房地产等现存资产的价格波动螺旋。思想——知识和信息——最终可能是无限的，如同想象那样无边无际，但实际上人类的创造力会受到时间（金钱）的束缚。

特纳认为治愈资本主义过剩之道是严厉且无情的管制，然而当前的过剩却正源于方方面面的管制。根据《多德–弗兰克法案》，政府对银行和其他金融机构提供担保，导致了信贷失控，它们可以利用央行的贴现窗口、联邦存款保险和有限债务责任以保障自己的资金安全。于是，通过接近零的债务利率，房利美、房地美和联邦住房管理局（FHA）的担保，联邦存款保险公司（FDIC）提供的保险，以及对“红线”和信贷纪律的禁令，促使银行积极投资于房地产业。此外，还有针对抵押贷款利息的税收减免和 50 万美元以上家庭住宅的资本所得税豁免。

无限制的货币创造的自我参照循环是一个根本性的问题。不把现实和稀缺时间重新连接起来，任何管制体系都将难以奏效。

如果货币价值的最终来源是时间的稀缺性，那么当央行和政府企图通过摒弃任何货币解决之道——从黄金到利息收入——来消除时间成本时，情况将会怎样？货币似乎会转而流向时间之外的剩余稀缺物上，比如土地。空间成本——以城市地产、农业土地及其所支撑的商品为代表——势必一飞冲天。

因为即使是中央银行也无法违背万有引力定律，一飞冲天的价格最终必会跌回地面。这便是众所周知的房地产的繁荣与萧条周期，最近几年强迫性的抵押贷款证券化，加剧了这种周期。伴随着无限制的货币供给，以及同时间的相互分离，市场陷入了工程师们所称的痉挛性发作的“狩猎式振荡”。

从日本到冰岛，从佛罗里达州到西班牙，一个可随意发行货币的世界，已经见证 21 世纪逐渐偏离生产性的投资，卷入房地产及其融资领域。当货币不具备对其所购之物的可靠度量时，经济便发展到了目前的状况。对现有资产存量的关注导致了投资回报期缩短、增长低迷和债务膨胀，其特点是不平等的上升和生产率的衰减。

房地产的证券化并不会带来更多和更好的住宅，以满足市场对房屋的需求。金融学习曲线并未带来廉价住宅建设的学习曲线。金融化将信息从实际住房市场抽离，造成了房屋供给模式同实际需要和需求之间的巨大差异。在旧金山和纽约等城市，这些差异使住房更加稀缺，使无家可归者不断增加。

无限制的货币供给造成了金融肥大症，一种基于波动性和杠杆的银行业与其他经济领域的膨胀。1970 年后，金融业占美国经济的比重几乎翻了 3 倍，发达国家中私人信贷占 GDP 的比重也几乎翻了 3 倍。

但是，必然会有一群人会落在后面。非金融性的工薪阶层将被时间所监禁（incarcerated in time），他们按小时或月度获取报酬。这些受时间限制的雇员，构成了中产阶级的大多数和实体经济的基础。通过追溯“二战”结束后几年里的生产率收益走势，不难发现工人的小时工资在 1973 年之后趋于稳定，从那时起总共只增长了 8.9%，而生产率却增长了 243.6%。那些能获取规模庞大的政府资金、转移支付和补贴、银行及中央银行循环和杠杆、公司兼并和股权回购，以及房地产金融的有权势者，掠夺了绝大多数差额利益。

货币信息论可以解释金融肥大症、资金涌向房地产业、市场旋涡、贸易和资本流动失衡、不平等上升，以及数理经济学家持续不断的各种抱怨。特纳和皮凯蒂说得没错，银行确实已经成为现有存量资产的寄生工具，而不是新项目的生产性投资者。他们对货币不受时间约束的经济体中，投资和创业回报期的缩短及企业家受政府欺瞒束缚的现象，做了生动描述。

通过竞标现有存量资产，投资者避免了创造性长期承约的风险。在一个货币丧失其意义且投资被反复无常的官僚主义和政府干预所蒙蔽的世界里企业家不得不努力寻找减少不确定性的途径。大起大落的投资和投机，企图充分利用货币交易汪洋中各种价格的波动性谋利。“快闪小子”发展出各种各样的策略，来应对随机波动中蕴含的微观规律，而非投资于创造力的长期潮流。

特纳—皮凯蒂命题要求集中权力、操控货币和扩展规则。但这些举措正是经济停滞的根源，而不是经济停滞的补救之道。

奇怪的是，特纳、皮凯蒂及其支持者乔治·索罗斯并未能正视货币交易的全球汪洋——货币作为拥有自然常数保障根源的度量标准的替代。这些卓有远见的思想家只是没有把健全货币想象为一种计量尺度。因此，他们仍置身于货币困境的汪洋大海，他们的所有政策提议也只会使情况变得更糟。

第 10 章

金融肥大症

随着黄金作为支付手段和计价单位（而非价值储存手段）功能的削弱……世界货币体系变得扑朔迷离。至少在概念上，1914 年以前的金本位制是简单且易于理解的：国内和国际支付手段是同一回事。

——罗纳德·麦金农（1979）[1]

当汇率只是为了改弦易辙而在一年内波动 30% 或以上时，它的实际意义是什么？它能为商人应该明智地投资于何处提供哪些信号？……对我来说，答案无疑是：这些大的波动构成了一个处于混乱中的系统的症状。

——保罗·沃尔克（1992）

我认为（货币投机）胜于货币限制，但一个统一的货币显然是更好的。

——乔治·索罗斯（1995）

通过追溯整个20世纪的历史来探究金本位制遭废弃过程的想法，似乎很明显是顺序颠倒的，这就像依次回到鹅毛笔、马车、奴隶贸易或贝壳币时代。毕竟，约翰·梅纳德·凯恩斯早就称黄金为一种“野蛮遗迹”。对保罗·克鲁格曼而言，金本位是崇拜一种闪亮金属的“迈达斯之罪”的一个“神秘的”副本。这无关乎立场问题。克鲁格曼经常引用米尔顿·弗里德曼的观点，后者早在1951年就提出了支持一个自由竞争的浮动汇率体系的充分理由，且极大地影响了1971年理查德·尼克松废除黄金和美元挂钩的决定。

沃伦·巴菲特以其一贯的精辟，对传统观念做了总结：“黄金从地下被挖出……我们将其融化，然后再挖一个洞把它埋藏起来，又花钱请人专门看守它……任何来自火星的人都会对此感到迷惑不解。”[2]

金本位已经超出令人尊敬的思考范围。2012年，芝加哥大学商学院在《华尔街日报》博客上开展的一次跨党派民意调查发现，对金本位存在“零支持”。43%的受调查经济学家“不赞成”恢复金本位制，其余57%的受调查经济学家则表示“强烈反对”。[3]两者之和为100%。这可是一个即使在联合国气候变化大会等“已决科学领域”（settled science）的封闭圈子里，也足以令人羡慕的“高度共识”。

由于其有限的总量可以被储藏在一个小房间内，黄金被认为具有一种急剧通缩的倾向。由于基础货币供给不可能大幅扩增，一般认为货币价格，包括工资和薪水，将不得不缩减。

学界研究表明，金本位制最早是在“一战”的重压之下逐渐崩溃的，当时交战国一个接一个地放弃了金本位制，绝大多数非交战国也跟着放弃了金本位制。随后，金本位制又在20世纪30年代的大萧条中遭到重创，当时放弃金本位制的国家先后迎来了复苏。最后，在20世纪70年代，金本位制彻底走向了终结，这似乎是一件好事。当时，随着黄金在美国外汇储备中占比的急剧下降和法国方面不怀好意的建议，尼克松总统推翻了旧惯例，促使美元成为世界主导货币。尼克松的财政部长、来自得克萨斯州的约翰·康纳利（John Connally），对他采取这一举措背后的复杂战略考虑的解释是：“外国人正在想方设法挤压我们，我们有责任先下手挤压他们。”在历次处境艰难的紧要关头，金本位制几乎都会遭到废弃，它俨然成了一个过于严苛的“体制”，考验着脆弱的人类能力。

一些全球最受尊敬的政治经济学家和学者聚焦于20世纪30年代的研究，则给了金本位制最致命的一击。从弗里德曼和克鲁格曼，到前美联储主席本·伯南克和前白宫首席经济顾问克里斯蒂娜·罗默（她因精通萧条经济学而获奥巴马总统提拔），都把大萧条的主要原因归为金本位制下的货币枷锁。力劝尼克松总统放弃金本位制的弗里德曼，对金本位制的破坏当属为最。在和安娜·雅各布森·施瓦茨合写的权威专著《美国货币史：1867—1960》（*Monetary History of the United States*，1867–1960）中[4]，弗里德曼将大萧条和美联储立足于黄金的货币政策直接联系在一起，该政策被认为在1929—1931年当大量银行陷入破产时，迫使货币供给出现了40%的骤减。

受弗里德曼所启发，伯南克在颇具影响的论文《金本位制、通货紧缩与大萧条中的金融危机：一项国际比较》（The Gold Standard, Deflation, and Financial Crisis in the Great Depression: An International Comparison）中[5]，主要聚焦于大萧条如何结束的问题。他表明，日本在1931年最早放弃金本位制，英国紧随其后，这两国引领了世界经济复苏；紧随其后的是德国（1932年）、美国（1933年）和顽强固守金本位制的法国（1936年）。正如罗默指出的，1933年罗斯福宣布放弃金本位制后，美国工业产出在3~7月内迅速增加了57%，因摆脱桎梏而呈现出明显的活力。如果你身处一轮全球萧条中，1/3的劳动力陷入失业，满大街游行（在白宫对货币问题抱怨连连），最好的做法显然不是闲坐一旁点数你的金锭和沉思支撑了整个工业革命的金本位制。

我们要相信，一种对金本位制更好的、更快的和更真实的替代是高科技的“信息本位”（information standard）。如果你想拥有一个信息经济，其知识如同财富，学习如同增长就需要一个可在时间和空间上迅速传递关键价格信息的货币体系。可兑换货币的外汇交易系统，或许是最具有全球性的、最快捷的和最稳健的信息系统。

已故杰出银行家沃尔特·瑞斯顿在数十年前，就把“国际金融市场”比作“每天每秒在全球交易室内进行的、对各国财政和货币政策之稳健性的投票……对货币和商品价值持续不断的直接公投，通过越来越复杂的方法得以推进……”[6] 今天的主要区别在于，过去的电话和电报机已经让位于价值达数万亿美元、以光速传输的光纤连接的超级计算机设备。这一系统现在正以6000万倍于以往的速度，以远为更大的间隔尺寸，以微秒而非分钟计的方式收集着信息。

不同之处在哪里？如瑞斯顿在《主权的没落》（*The Twilight of Sovereignty*，1992）一书中所指出的：“政治家的抱怨是有道理的。不仅政府丧失了对货币的控制，而且这种新的自由货币声称其控制了政府……”[7] 克林顿总统的顾问詹姆斯·卡维尔（James Carville），曾高调表达了他“转世化身为债券市场”的愿望，因为后者“能使任何人感到震惊”。决定一国债券价值的货币市场为债券市场提供了支撑。

正如瑞斯顿所断言的："金本位制的旧学说，已被更迅速和严苛的信息本位的新学说所取代。"

这位令人尊敬的银行家援引记者迈克尔·奥尼尔的话严肃告诫我们："通往未来之路上不存在 180° 的大转弯。"这种新的信息本位是不可逆的，就像世界经济中任何制度一样完备、成熟且行之有效。实行这一新的本位的，将是人类历史上最庞大、最灵活、最具流动性、最广泛散布和最具竞争性的——事实上，如经济学家所称，最"完美的"市场。

有 3/4 的企业在从事现货交易的同时还参与外汇互换交易，即把一种货币同时以即期和远期的方式交易成另一种货币。通过同时交易现货和期货，所有的汇率风险都将得到对冲。这些策略的目的在于使货币远离市场扰乱，但它们也使套利成为可能。此外，尽管在规模上要小很多，但其依然相当可观——每周达数万亿美元，还存在着直接的远期外汇买卖、衍生货币互换和外汇期权，金融业者正借助越来越复杂精致的技术来利用价格波动获利。

这一极其精细的跨国系统，覆盖了整个世界且延伸至未来，使任何地方的任何公司在任何时刻，都能无风险地拿商品和服务同其他国家的客户交换货币。它使世界贸易、全球化、一体化市场和跨国公司成为可能。它为现代世界的礼仪和商业提供了一个全球性的基础。它使供应商在承担相应费用的同时能够获取收益和利润，并使使用相应服务的公司得以顺利开展业务。

浮动汇率交易体系是米尔顿·弗里德曼的梦想。但是，它也反映了奥地利经济学派代表人物弗里德里希·哈耶克和路德维希·冯·米塞斯的“自发秩序”的概念。在全球绝大多数高级计算机网络上，它连接了所有主要银行和其他金融机构成千上万的外汇业务柜台，数不胜数的对冲基金和职业交易员，以及大量大宗交易基金（PTFs，其中大部分为高频运营商，即所谓的“快闪小子”）。它使掌控着充足国际业务的跨国公司得以支撑其自身的交易柜台。它们都是并行工作的，不存在中枢协调，并且在全世界范围内瞬间达成可自由兑换货币的价格。

这一交易网络在整个世界经济中隐约可见，它也是财富创造和分配、正义和增长之组合体的一部分。正如立足于地面的人类倾向于忽视地球表面的大部分由海洋所覆盖，个体消费者倾向于关注他们日常生活中相互作用的能源、农业、制造业和服务性行业，从而忽视了环绕和维持他们的海量交易。但是，外汇交易规模同下列所有其他经济指标的数量级相比，仍然相形见绌，它们是：GDP、全球贸易、网络交易、工业产出、谷歌搜索量、全球股市交易量、全球商品价值，乃至衍生品。

每三年一次，位于瑞士巴塞尔的国际清算银行（BIS），都会基于调整至开展当地和跨境转移支付的交易者重复计算的“现金净价”，对所有账户进行汇总。根据这种仔细的度量，国际清算银行在2013年4月指出，每天的外汇交易流量约为5.3万亿美元，日均规模甚至高过了美国年度GDP的1/3。2013年全年的全球货币交易速率高于每秒6亿美元。[8]

最近的情况又如何呢？根据国际清算银行2013年的增长测算，这是一个巨大的成功。自2001年大幅下挫以来，外汇交易已经增长了将近5倍；自2004年以来增长了2.5倍；自2007年危机爆发以来增长了160%；而且，它显然还在迅速增长中。国际清算银行将在2016年为我们提供更多细节。你是否已经为平均以10亿美元计的交易频率做好准备了呢？

通过为企业家提供对世界各国数百种不同货币相对价值的精准测算，浮动汇率体系使可互换资金无须承担货币风险就立即可得。换句话说，该体系以远远更高的速度和自动化的效率，扮演了此前金本位制所扮演的角色，同时又使每一个国家都能施行自己的货币政策。鉴于这种不可或缺的双重方式，结合两个明显不相兼容的目标，没有人会对不充足的流动性或绩效提出抱怨。

这套体系使银行业务高度集中，它通过国际巨头银行（在美国只有15家，英国也只有15家）的门户网站，引导着全世界的贸易往来，并使它们能够收取费用。其中，花旗银行是最大的参与者，2015年5月，花旗银行业务占总交易量的16.11%。德意志银行排在第二，占比为14.54%。除了排名居前10位的银行外，在美国有一小部分的交易量分散在其他24个机构中。对业余外汇交易的所有软件应用程序而言，点对点的自由业务不过是沧海一粟。

参与国际商务的每一个企业，都必须给占主导地位的国际银行中介机构支付一笔费用。银行业者对之乐此不疲。外汇交易和外汇对冲已经成为推动巨头银行业务量增长的主要因素，并成为一个重要却小得多的利润来源（在2008年世界经济不景气时，10家银行的外汇交易利润总额仅为210亿美元）。大部分投机所得都在清算中被相互抵消掉了。但是，外汇交易也是推动银行扩大业务范畴的因素，它促使银行为跨国公司办理各种各样的跨国业务。

根据各种测算标准，90%~97%的外汇业务被认为是“投机性的”，它们并非致力于促进商品和服务贸易，而是旨在通过套汇和杠杆操作获取利润和费用。但是，和某些主张相反，对冲基金并不是罪魁祸首。2013年，只有约1/10的交易量被国际清算银行归为对冲基金和大宗交易资金。西方国家 10 家巨头银行的交易业务量占到了大约 77%。这些费用构成了由经济体中生产部门支付给金融部门的全球贸易和经济增长负担。但它应是对冲、投机和衍生品交易等所有此类活动的总和，后者导致了流动性和可得外汇服务的广泛波动。

正如弗里德曼告诉我们的，货币投机有助于保持价格稳定。弗里德曼认为，只有当投机者损失大量资金时，投机才构成导致不稳定的因素。但是，损失惨重者最终将会退出市场，留下能获取利润的投机者（比如美国 10 家配有高精计算机和专家的大银行），它们可以准确地在各种货币中进行套利和消除分歧。因此，在专家看来，一个像外汇交易市场那样充满大量投机性和波动性的市场，是近似完全竞争的理想状态，它有望实现一个稳定且精确的相对价格均衡。对这样一个市场的鼓吹者而言，它的迅速增长证明了它的有效性和稳健结果。

但是，如人们在同样的巨头银行引领的全球崩溃爆发之际可能会质疑的，这套体系并非无可挑剔。2001 年、2004 年和 2007 年以来外汇交易量的增长，似乎意味着国际贸易也在蓬勃发展。事实上，自 2007 年的低点以来，商品和服务贸易总量已经增长了 36%，而外汇交易量的增速则比该数值的四倍还高，达到了 160%。2011 年以后，贸易增速逐渐趋于平缓，外汇交易则继续增长，自 2010 年以来增长了 32%。没有出现预料之外的贸易膨胀，解释了外汇交易的扩张。

西方国家完全主导了这一体系。美国和欧洲一直处于外汇经营业务的最前列，单是伦敦“金融城”就实现了 36% 的交易业务。大约有 87% 的交易涉及美元，其中 63% 的国际贸易以美元计价，并且在世界各国央行为支撑本国货币而持有的储备货币中，美元所占的比重也超过了一半。由于这些西方主要交易商的经济未能取得明显增长，但是却从衰退中逐渐复苏并在 2016 年达到了新高，外汇交易及其影响在其中扮演了重要角色。

这便是我们这里金融肥大症所指的含义，其构成了 35%~40% 的公司利润。在商品和服务贸易出现萎缩的同时，外汇交易却高歌猛进。金融服务在其对经济体其他领域的影响中得到了最终的检验。但是，外汇交易增速至少是生产率增速的 20 倍之多。

西方国家是否从所有的这些扰乱中获益？以中国和印度为首的亚洲新兴国家，贸易增长最为稳健。但是，中国大陆、中国香港、中国台湾和新加坡等地——最近几十年全球贸易发展的主力军，大多没有实行浮动汇率体系。尽管西方国家不断提出批评，它们仍使本国货币尽可能地钉住美元，一些国家或地区还对资本流动实行管制。除了亚洲新兴领域外，世界贸易只是缓慢地出现了微升。世界GDP的增长亦然。

正如瑞斯顿最早指出的，这套体系为货币提供了一个全球性的“信息本位”。如果提供信息和构建隐藏在我们21世纪财富背后的知识，需要花费35%~40%的经济利润，那么它也许就是信息时代进步的代价。但就像许多人已经注意到的，问题仍然存在。一个很可能出现的后果便是不平等。在西方经济体中，如果大部分且可能不断增大的利润比例，朝政府青睐的10家巨头银行的一小撮金融精英倾斜，则流向企业的收入可想而知将会越来越少。

外汇交易是美国经济“金融化”过度肥大的一个表现。过去10年来，金融已经成了政府和银行之间的协定，明确地聚焦于最不成功的美国经济部门。正如埃里克·詹森所指出的：“金融对美国商业和经济生活方方面面的渗透……改变了消费者购买汽车和美国汽车制造商经营业务的方式，改变了学生交学费和大学办学及运营融资的方式，改变了房屋融资和获取消费品的方式。简言之，信贷变成了美国最庞大的一项业务……整个经济体系依靠一个深沉的白日梦紧紧地黏合在一起，即金融可以取代生产，信贷可以取代储蓄……（但是）政府显然既不能‘印刷’财富，也不能‘印刷’购买力。这些都必须踏踏实实地创造出来。”[9]

瑞斯顿承认，这种对货币的全球公民投票的结果是，关于浮动货币“相对”价值的一个估计。换句话说，在这种微秒级的信息引擎中，不存在锚点、钉住、网格、标准、度量标准和平价值。在数学理论中，正如库尔特·哥德尔已证明的，一个信息系统必须具有其本身之外的公理化根。亦如我们所表明的，自我参照和循环的货币体系，可以以其全球性荣光辗轧世界的边缘。在外汇交易中，币值有时会被最有权势的交易者所操控。

不根植于外在的现实，任何体系都可能因参与方的自利而偏离正规。如果外汇只根据其他货币来估价，将无法证明整个体系会以一种有利的方式运行。全球性的经济低迷表明情况正是如此。我们很少有理由认为，自我参照的全球外汇市场倾向于对任何事物做出准确估值。

但是，货币的目的在于使符合经济事实和正义的真实可靠的结果，即“最优经济结果和分配”成为可能。如果金融利润不被作为丰富了整个体系的服务的报酬，那么它们就是不正义的。除非银行正在促进实际知识和学习效应，否则一国的银行业者将不能从另一国的芯片制造商，或另一行业的工人那里获取经济租金。

外汇交易体系面临的考验之一是其波动性。外汇价格的波动是否或多或少比它们所计量的业务量和产出、大宗商品和经济体量，以及支付和投资的波动更为剧烈？答案是很明显的。外汇价格的涨跌起伏比它们背后的经济实体更加频繁和剧烈。例如，自 1990 年以来，日本和美国的经济已经逐渐分化，美国的 GDP 继续保持增长，日本的 GDP 却增长乏力。日本的货币政策一直以来大体上远较美国宽松，但是通货膨胀却出现了扁平化。两国的利率水平都低至零。表面上看，这种情形似乎并未显示出可观的套利机会。

然而，日元对美元汇率一直都在上下起伏，远比日、美两国之间经济增长的差异波动剧烈。尽管外汇交易员每天的交易额高达数百万亿日元，汇率依然像一个爵士乐迷那样上蹿下跳。在外汇交易中，价值运动是逆向的：当美元对日元升值时，日元的价值就会下跌。1990 年，美元对日元的汇率先是从 1∶140 下跌到 1∶160，然后又上升到 1∶120。1991 年，再次跌至 1∶140，接着在一连串的跳跃和波动中，汇率飙升至 1995 年的 1∶80。到 1998 年，汇率重新回到 1∶150，但在 21 世纪初又升至接近 1∶100，其间经历了一系列的反复。到 2002 年，汇率突然下跌至 1∶135，2004 年，经过一些反复后，又回到 1∶100 高一点。如此这般，美元对日元汇率最终在 2012 年上升到 1∶80，三年后又回到 1∶100。

计量尺度这种无目的的波动，为交易以两种货币标价的证券提供了无穷机会。金融刊物上充满了关于有利可图的“利差交易”的描述，金融业者据此从非理性的汇率变化及其对相对利率和债券价格的影响中获益。

如我们已表明的，一种较其所测量之物更容易波动的计量标尺，并不会促进均衡或稳定。相反地，它会加剧金融企业和商业企业，以及政治支持群体和弱势群体之间的收入和财富分配失衡。

国际外汇交易体系是金本位的替代。世界显然明白所谓的金本位的缺陷。浮动汇率体系的缺陷是根本性的。一种计量标尺不能是其所测量之物的构成部分，外汇交易深深地卷入了世界经济及其价格体系中；一种度量标准也不能比其所度量之物更容易波动，货币显然较其所测度的经济活动容易波动许多。因此，浮动汇率体系损害了货币作为度量标准的功能。

受政府控制的浮动汇率体系，促使政治家倾向于采取集权化的解决之道。浮动汇率的一个明确目的是，帮助政治家追求狭隘的经济政策。这些政策常常以牺牲本国公民的利益和世界经济增长为代价而得以实施。

外汇交易的规模远比其所产生的商品和服务的规模庞大。其微秒级的交易构成了只有较少或毫无信息重要性的世界经济的泡沫。但是，通过杠杆作用，它们可以获得巨额利润，却不带来任何实际的经济产能。

外汇交易就像是金融巨鳄的游戏围栏。由于特定的金融家和银行所掌控的控股股份，比一些大国的经济体量还要大很多，入侵者能够通过“热钱”扰乱一国的金融大局，赚一笔大钱后迅速撤出。皮凯蒂和特纳的图书赞助者乔治·索罗斯，就是一个与此相关的绝佳例子，他通过对英国、印度尼西亚和泰国货币的破坏性入侵，赚取了巨额财富。

外汇交易使收入和财富集中于西方国家那些和政府关联的金融部门，导致财富分配不公，激起社会嫉妒和怨恨，消磨资本主义士气。

货币价格不能被证明反映了任何合理的估值基础。购买力平价（比较不同国家货币对特定商品的购买力）计算也不适用：对不变购买力平价计算的需要，表明货币价值具有传递错误信息的倾向。不同的经济增长率似乎是无关紧要的：中国最近20余年来发展迅速，但对人民币地位的影响似乎微乎其微。利率似乎也具有欺骗性：零利率很可能掩盖了货币升值。由于世界各国竭尽全力企图操控本国的货币，货币政策似乎失去了效力。

最可靠的做法似乎仍然是锚定黄金。这正是1984年保罗·沃尔克在驯服美国通胀中所采取的做法，这也是1924年亚尔马·沙赫特在治愈魏玛共和国恶性通胀中所采取的做法。沙赫特主导发行了一种新的基于黄金的地租马克，以取代一文不值的帝国通货。巴西在 2002 年最终抑制住通胀时，所采取的也是这种做法。

世界经济或许应该变得更加“现实”一些，我们需要认真思考如何同黄金建立新的关联。

第 11 章

与华尔街不断疏离的主街

2015 年的秋末是一段属于梦幻足球的蹉跎时期，在媒体和互联网上，到处充斥着关于美国中产阶级陷入困境的耶利米哀歌。

整个国家处于经济泥淖之中。经历 5 年的名义“复苏”后，GDP 数据仍在下行。生产率的增长作为推动经济发展的主要因素，在 0.5% 的水平停滞不前，比“二战”后的平均值低了 75%。[1] 利率——时间的货币价值——磨灭了未来的希望，使储蓄变少，所有的实际投资依然进展缓慢。随着劳动力参与率跌回到接近 60% 的水平，家庭实际中位收入持续 6 年下滑，由 2007 年的 6 万美元左右下降到 2014 年的 5.4 万美元，远低于 1989 年的峰值水平。

经济学者企图从货币政策的魔力中寻找安慰。美联储可能会提高利率，为银行发放贷款提供激励。或者，它可能会继续实行零利率政策，维持企业和居民的借款激励。又或者是，同时采取一些伴随合理“扭曲”的量化宽松组合措施等等。

从劳伦斯·萨默斯到本·伯南克，专家们将以往补救措施的失败视为继续实行它们的理由。即使零利率政策并未带来一轮复苏，继续实行它也有助于预防新一轮的衰退。我们也许可以人为地制造负利率，要求现金持有者每个月购买邮票贴在他们的美钞上。如果持续 5 年的量化宽松政策——总额约 4.6 万亿美元的债券购买——不能扭转居民实际中位数收入持续 5 年的下降，再过一年也许就能获得涓滴效应。中产阶级最终将可能受益。或者，美联储增加 1.7 万亿美元的抵押贷款支持证券组合，可以推高中产阶级的住房价值。[2] 这显然有成功的先例。

整个体系正在盲目且不可控制地阻碍未来。当教授和政客猛烈抨击“富人”的掠夺时，富人正以漂白牛仔裤作为掩饰，小心翼翼地利用税收减免规则获益。当媒体沉迷于移民问题时，移民已经决定回归故土。当美国人可能对外贸威胁忧心忡忡时，世界正在所谓的复苏过程中，经历持续 7 年罕见的 60% 的贸易增长率下滑。

民主党和共和党充满阶级色彩的修饰论调，都认为经济分裂伴随着阶级分化，且任何阶层都不可能独自获得长期繁荣。零和博弈，其中某些参与者的任何改善必须以牺牲其他参与者的利益为代价，完全排除了未来增长的可能。中产阶级的繁荣不仅在于成就感和安全感，而且在于所有权和进步，在于主街、华尔街和硅谷生产率的进步。

随着福利国家的崛起及工资和医疗保健税的激增，财富不再只是由工资组成。工资已不能维持“中产阶级”的生活方式，支撑对子女的传统期望，和为退休准备养老金。若中产阶级不能分享以当地银行和华尔街为支撑的日益增长的美国商业平等，工资很可能会变成一堵令人担忧和不安全之墙，阻碍人们摆脱失业和贫穷。

但是，当官僚化的工资正在挑战华尔街的自由精神，抑制华尔街在规则网络上的创造力，并且通过优势强化和缺陷担保措施驯服它时，华尔街定然不能获得长期的繁荣发展。硅谷的创造力必须不能局限于华尔街和主街，还应波及处于上升中的中产阶级与和平繁荣的世界。

在 1983—2000 年里根总统和克林顿总统主政的繁荣年代，主街、华尔街和硅谷相得益彰。随着数百万新创企业的建立和大约 4000 万新就业岗位的创造，主街一派繁荣。固定职业者通过他们的养老金，参与华尔街的金钱游戏，最终的结果是个人投资者持有了超过一半的美国企业公众股。引领华尔街扩张和就业市场繁荣的是大量 IPO 的发行，从苹果公司和基因泰克公司（Genentech）到网景公司（Netscape）和高通公司（Qualcomm），其中来自硅谷的发明狂欢盈利最为可观。[3] 美国的创造力和一个全球化的世界经济出现了分支，与此同时，生活在每天 1 美元（经通胀调整后）生计线以下的贫困人口数量下降了 20%。全球消费市场的繁荣得益于中国和其他新兴国家 20 多亿的新晋中产阶层群体。

货币体系似乎一切运转正常，“增长大师”艾伦·格林斯潘称之为“大缓和”（great moderation）。但是，在平静的表面之下，世界货币体系正在日趋瓦解。

20 世纪末 21 世纪初，整个世界陷入了亚洲货币危机、互联网泡沫破裂、电信丑闻以及俄罗斯卢布危机。数以千计的电信公司走向了破产。人们找出了许多原因，包括挥霍无度的亚洲资本主义，电信会计和 CEO 犯罪，互联网泡沫发作，油价暴跌和俄罗斯腐败，但是真正的根源却在于货币波动。

一场始料未及的美元通缩——1996 至 1999 年，美元对绝大多数货币升值了 30%~40%，对黄金升值了 57%——使所有负债累累的公司和以美元计价的大宗商品饱受重创。例如，1996 年 1 月至 1998 年 12 月，油价下挫了 44%，从 17.94 美元下跌到 9.80 美元。与此同时，美元计量的黄金上升了 138 克，由 1996 年最低点的 241 克，上升至 1999 年最高时的 379 克。

正如通胀使债务人受害、使债权人受益一样，意料之外的通缩也会损害债务人的利益，因为他们不得不用更值钱的美元偿还借款。所有的价格都变得令人生疑。随着美元汇率的飙升，全球化经济的神经网络——价格体系和交易规则——分解成了“热钱瀑布”和央行冻结资产。首当其冲的便是处于危机中的亚洲经济体，为了在“热钱”和全球电信（其导致了巨额负债，以建设全球光纤网络）泡沫面前有效地保护本国货币，这些经济体大量举借外债。方兴未艾的网络视频流量的不断增长和互联网狂欢，成了推动光纤网络建设的重要因素。

2000 年的危机打击了硅谷的发展势头，导致了一轮小企业创建低潮。主街急需华尔街重新唤回一轮新世纪的崭新繁荣。受以联邦政府支持的住宅货款抵押公司房利美和房地美公司为支撑的一系列证券产品的刺激，人们开始拿自己的住房进行投机。民众对房地产“抵押资产净值”的投资热情，弥补了这一时期的工资滞涨，这种“净值”的“绝对数额”在 2001—2006 年增长了 40%。盲目全球化的综合征，从佛罗里达州扩展到西班牙和冰岛。

这种“实际”住房升值是另一种货币幻觉。住房是一种消费品，其升值始终取决于围绕它的生产和创业活动的升值。政府补贴、抵押品和抵押贷款银行业务的目的在于，利用联邦权力使一轮消费景气变成储蓄和投资繁荣。但是，投资意味着在未来获取收益，偿还债务，以及扩大资产净值。受信贷补贴和降低首付款刺激的住房升值，并不能维持未来的债务偿还流。

在资本主义制度下，信贷扩张并非实际储蓄的替代。“储蓄”并不仅仅是一个会计伎俩。它意味着放弃消费、延迟支出和投资于创造性学习的时间。它是一个积累知识以创造未来新价值的过程。它意味着不仅抬高现存住房的价值，而且通过验证新的商业知识来创造实际财富。

在资本主义制度下，中产阶级的主街穿过了一个全球性的互联网络。中产阶级资产净值的网络覆盖了华尔街和硅谷，能源企业和医疗进步，第一世界创新和第三世界发展，巴西咖啡种植园和韩国电子工业，以及以色列创新发明。主街的“中段”通过收入、教育和全球资本收益组合的增长而上升。

这些都始于初创企业。2002—2010 年，美国大约 64% 新创造的就业岗位来自 2300 万家雇员人数不满 500 人的小企业，它们构成了中产阶级欣欣向荣的基础。在美国最近四轮复苏的每一轮复苏中，小企业都是率先复苏，发展速度远快于财富 500 强企业。但是，在 2009 年以来失效的起飞中，小企业的就业规模实际上却在萎缩。只有大企业的就业得到了扩张。

维持中产阶级繁荣的就业机会，依赖于创业和投资以及股本和创新的扩张。在美国，过去 35 年来，约有 2/3 的股票市场升值来自以风险资本为支撑的公司。我们简单地用“硅谷企业”来指称这些公司，现在它们已经从帕洛阿尔托市延伸至奥斯汀市，乃至特拉维夫市。在我们创造的剩余财富中，绝大多数都反映了全球化的进程，如中国和印度等新兴经济体正在复制欧洲和北美国家的经济发展成果那样。美国和欧洲的“平台企业”巩固了这些成果，它们设计的产品在亚洲被制造出来，并被售往世界各地，西方企业则照例获取了绝大部分利润。

缺乏发明、投资和分配（硅谷、华尔街和主街）的“三和弦”，中产阶级将会面临衰退。如果决策者能牢记中产阶级增长取决于发明和高科技移民，他们将正确地把注意力放在中产阶级的繁荣上。

2016 年，硅谷似乎重又活力十足。2014 年，风险资本投资规模达到了 480 亿美元；2015 年，其继续保持上升态势，触及了自 2000 年峰值以来的最高水平。但是，最近的上升却正好反映了经济衰退程度之深。2014 年，风险资本投资总量仅相当于许多公司 2000 年数值翻倍（1444 亿美元，以 2015 年美元计）后的 1/3。

2015 年，风险投资基金的配置更加重要。初创企业的种子期投资下降到了 2002 年以来的最低点。IPO 发行量不及 2000 年的一半，而且主要集中在少数大型交易上。与此同时，在硅谷，风险投资者沉湎于独角兽公司的狂欢——差不多有 130 家私人企业的官方估值现在接近 10 亿美元，它们的总市值则接近 5000 亿美元。

在硅谷的普通历史上，除了苹果公司外，没有一家私人企业获得过接近 10 亿美元的市场价值。英特尔、微软、甲骨文、思科和其他硅谷明星公司，只有通过 IPO 才达到这一规模，IPO 使这些上市公司的股票获得了持续多年的升值。绝大多数公司，包括最赚钱的高科技企业，比如线性技术和应用材料公司、甲骨文和太阳微系统公司、思科公司、亚马逊公司和高通公司等，很乐意以几百万美元的发行估值上市。苹果公司（其公司股票被证明是过去一百年来表现最好的）以 13 亿美元的发行估值上市，华尔街投资者的最终估值超过了这一估值的 500 倍。经过通胀调整后，微软公司在公开市场的升值幅度同苹果公司有得一比。

因此，这些硅谷 IPO 的大部分升值流向了主街，后者通过养老金和股票的形式保持自己的股份。风险资本固然表现不俗，但是广大中产阶级也能获取一个高比例的回报。

相比之下，脸书的 IPO 规模为 800 亿美元，美国证券交易委员会通过把所有的非“合格投资者”排除出上市前市场来“保护”中产阶级。来自脸书高达上千倍的投资收益，被保留给了获政府认证的财大气粗的机构，即少数幸运的被认为有足够财力从事此类“高风险”投资的“合格”的风险资本和投资者。

以往，获得数十亿美元的发行估值需要进行一次“路演”，其间公司高管们会向代表中产阶级股东利益的主要公共投资公司描绘公司的未来蓝图。这一“公开上市”的启动过程为世界各国的投资者参与 IPO 做好了准备。它成了美国经济增长的重要引擎。

如今，独角兽公司不需要“上市”就能获得高达数千亿美元的估值总额。公开上市前的投资者预期，对应于上市前市场风险和流动性不足的是将近 7 倍的回报率。因此，巨额的估值意味着有望通过“流动性事件”和博傻融资，创造出高达 7 倍的市值。在这些公司的市值出现最初的激增之后，如果公众乐意买入它们的股票，则未来几年的预期回报将达数万亿美元，其中的绝大部分流向了“合格投资者”，也即“财力雄厚的机构”，中产阶级则所获甚微。

从表面上看，成百上千家估值数十亿美元公司的诞生可谓前途无限。从英特尔到脸书，类似的依赖风投融资的公司，过去大约构成了美国 GDP 的 21% 和股市资本总额的 60%。风险投资公司是美国经济增长的主要来源，但这一次情况似乎不同。人们的主要担忧在于，这些独角兽公司是否预示着一轮新的泡沫。这些虚拟世界和软件大师，会不会像 20 世纪末 21 世纪初的互联网泡沫和佩科猫砂公司那样，迅速流行然后又很快衰落？

正如卓越的风险投资家马克·安德森（Marc Andreessen）所言，“软件入侵了整个世界”。优步正在改变城市交通，Pinterest 可能会彻底颠覆在线广告，帕兰提尔（Palantir）可以推动大数据安全取得显著进展，甚至带来数亿美元的收入，或者在寻找本·拉登中发挥重要作用。但是，人们最终可能会因 Tinder 和其他大量数十亿比特猴模型（bit–monkey mock–ups）而“向左滑动”。甚至对于即时虚拟的无人驾驶运输系统，世界也将被证明危险重重。

回到 1999 年，通过 IPO 迈向广阔的公众市场的大门已经敞开，随后科技公司便能获得比兼并与收购（M&A）7 倍还多的上市估值。但在今天，IPO 相对来说更为稀缺，其在数量上仅相当于兼并与收购的 1/21。这意味着风险资本家认购独角兽公司股份的主要“博傻”目标，并非你和我以及数百万其他参与变幻莫测的纳斯达克公开市场的普通投资者，而是一小撮聘任博弈论数量分析专家担任顾问的精英买家。这些寡头买家包括脸书的马克·扎克伯格、微软的萨提亚·纳德拉、谷歌的拉里·佩奇、迪士尼的罗伯特·艾格、威瑞森的洛威尔·马克亚当、亚马逊的杰夫·贝佐斯、网飞的里德·哈斯廷斯和苹果的蒂姆·库克，他们显然都不是等闲之辈。

事实上，开放的大众趋之若鹜的IPO市场，正在被最有权势的“合格投资者”（它们也是上一代IPO巨头）之间互换资源的独角戏所取代。受限于《萨班斯–奥克斯利法案》（Sarbanes-Oxley）的会计烦琐、公平披露的拒绝作证准则以及美国环境保护署（EPA）除创新型制造业不适用外的“谨慎原则”等监管费用和障碍，新硅谷（new Silicon Valley）束缚了那些玻璃天花板下蒸蒸日上的公司的发展。由于它们是唯一的潜在买家，少数上市巨头企业，包括苹果和谷歌，主宰了这个私人企业市场。在这个封闭的空间里，每一家巨头企业都更乐意收购处于初创期的竞争对手，而不是和它们同台竞技。经过粉饰和配上闪亮的“角”后，踌躇满志的独角兽公司小心翼翼地通过了硅谷沙丘路（Sand Hill Road）的围栏和库比蒂诺的审阅，向最精明的风险投资家和国际科技企业大亨寻求生计。由于其高热量的资金消耗率和微薄的收益，它们只能依靠一个想象中的持续繁荣生存。

企业大亨们忽左忽右，将赛马派到赛场或拉回马厩，又或是橡胶厂。不管这个风险资本的独角竞技场，是构成了一个不断膨胀的“泡沫”还是一个棘手的瓶颈，它都是一个糟糕透顶的金融循环系统，就好比是 101 公路上发生了交通堵塞，却没有通往华尔街的便利要道。

不过，《纽约时报》和《名利场》（*Vanity Fair*）杂志的撰稿人尼克·比尔顿却报道称，即将出现一个救世主，它将给技术金融家和他们的客户带来无限希望。这个救世主便是联邦储备银行：“美联储决定采取多轮量化宽松措施，据此联邦储备银行将通过购买证券刺激经济，向经济系统注入大量现金。”[5]

这样一来，我们就明白是怎么回事了。独角兽经济的最终买家是美联储。作为金融体系的“最后贷款人”，所有大银行和其他“系统重要性金融机构”（SIFI）的政府担保人，堂吉诃德斗风车、乙醇推进器和太阳能勘探者的再保险人，房利美、房地美和其他抵押贷款打包商的最后防线，数万亿美元学生贷款、退伍军人医院、亏空养老金和州医疗补助计划储备金的提供者，以及最重要的联邦政府增值证券和不安全感的默认融资者，同时也是联邦资金和信心源泉的美联储，还被看作硅谷的救世主。确保处于悬挂式滑翔状态的美国独角兽经济，能够实现软着陆的仍然是美联储。难道我们当前困境的最终象征，不是对中产阶级抵押贷款的紧急救助，而是对独角兽这一神话中的生灵的虚拟金钱支援？

在零利率和量化宽松的新情况下，资金并非流向充满机会的领域，而是流向了官僚机构；并非流向创造力部门，而是流向了权力和欺诈部门；并非流向 3D 半导体产业，而是流向了圆滑的 Solyndras①。如果不能获得实际利率，资金将会受支配于影响力和优先权。在美联储天花板的限制下，风险资本家只能同独角兽公司玩转圈圈的游戏。

只有大公司才能掌握这场游戏的规则，精通外汇对冲、跨国控股公司、法务专员、复杂证券化、知识产权掉期合约、私人股本倒置、多重股权类型、替代性能源争议、审计委员会、双重交叉检验会计团队和多样性授权等业务领域，以及涉嫌监护人背后性骚扰和其他所有抑制企业家精神的庞氏骗局。

对创业理念的检验在于该创意的试验性和经验性事实，并须经过盈利性的验证。在知识经济中，现金只有在经过实际的学习效应验证后才是有价值的。这便是资本主义财富的道德基础和增长的唯一源泉。

“向金融体系注入现金”并不利于经济，因为这会扰乱价格信号，而且会通过歪曲创业试验的结果挫伤资本家的志

① Solyndras 是美国加州太阳能光伏板制造商，曾获得 5.35 亿美元的政府贷款，目前已经破产。——编者注

气。如果资本是免费的，企业将会用它替代成本相对高昂的劳动。金钱玩家将会战胜就业创造者。[6] 增长缓慢、就业停滞和硅谷乏力，将成为货币状况的另一种表现。

更糟糕的是，当前的货币政策正在促成“阶级战争”，它对于普通工薪阶层和企业家都是极不公平的。零利率通过推高当前政府资产和特权的价值，对后代人形成了掠夺。受接近零利率的贷款所刺激的当前资产泡沫，对未来的融资毫无益处。退休者不仅面临养老金和赡养资金枯竭的前景，而且将目睹他们的子孙过着节奏缓慢的生活。

根据美联储自己的统计数据，2010—2015 年，美联储创造的货币中大约有 62% 通过银行系统流回了财政部。7 剩下的部分中，超出 65% 流向了少数大公司，它们持续利用这些资金，以每月 250 亿美元的速度扩充着自己的股份。

我们的联邦储备体系——它授予 12 家银行一种货币垄断权——已然崩溃。它的“成果”是增长低下、就业劳动力萎缩、不平等、低效率和金融肥大症。非生产性的精英攫取了大部分源于政府担保的货币操控收益，其他的普通民众则依赖于金融的残羹剩饭。

美联储已经变成政府的第四部门，它使主街不断疏离华尔街，使华尔街不断疏离硅谷。美国社会正在分解成彼此孤立且多疑的部落，后者受支配于决定着货币价值及其分配的联邦政府官僚。

我们老化的联邦储备体系，在为亟须资本推动就业与工资增长的小企业和硅谷公司提供融资上差强人意。美联储的政策变质成了对政府及其亲信部门的零利率贷款，而真正需要救助者和小企业却所获寥寥。总之，它已经把华尔街从创新的引擎转变成了政府权力的仆人。

第 12 章

华尔街出卖了它的灵魂

当前的世界货币和经济体系，更偏向于华尔街新货币制度，而不是主街和硅谷。一旦与对美国独立企业的研究、分析和支持相联系就会发现，新华尔街（new Wall Street）只是意味着银行巨头被华盛顿非正式地国有化。

德意志银行、高盛集团、摩根士丹利、瑞银集团（UBS）、花旗银行和摩根大通等几乎所有的国际著名行业巨头，都充斥着令人眼花缭乱的金融魔术师。但是，它们已经到了“大而不能倒”的程度，且它们的成功过度依赖于政府。它们视野狭隘，不足以培育出创业型的财富和增长。现在大部分金融利润均来自“自营交易”，其投资期以分钟和周，而非年和几十年来计。它们只传递流动性，而不是学习效应。由于大量财富从工薪阶层和储户向银行业者转移，这些巨头攫取了高额利润。

这些机构在服务政府而非企业家的过程中，不知不觉地发展壮大。政府的政策现在更偏好短期套利和大型银行的快速交易，而不是能够促进就业和增长的长期实干。这样做给我们留下了一个损害就业、消耗中产阶级收入的掠夺性的零和经济。

对我们大多数人来说，变幻多端的价格和货币价值构成了一种威胁。它们弄混了企业和学习，并且妨碍了塑造我们生活和前途的持久的实干和投资。但是，新华尔街连同其电脑驱动的交易，正是因波动性而变得欣欣向荣，它们享受着不合时宜的政府保护。外汇汇率和股票价格的上下波动，意味着套利和快速交易的机会。新华尔街通过美联储的廉价借款，以及更频繁的买入、做空外汇和证券，攫取了这些收益。另一方面，出于对工作、储蓄和长期投资的考虑，主街和硅谷却需要稳定的货币及相应的法律保障。

新华尔街通常会支持卢德分子的环境规制，后者妨碍了制造业的发展，并且助长了法律诉讼。但是，过度监管和诉讼，会使主街举步维艰，硅谷的除外。偏好于财政势力而非创业知识的政府政策，已经严重损害了 20 世纪八九十年代引领世界经济、维持几乎所有美国居民收入增长的美国就业机制。

新华尔街热衷于大学生担保贷款的螺旋式上升，它扩大了银行分类账和可供投资的大学禀赋资源。与此同时，主街和硅谷却饱受整整好几代大学毕业生（更糟的是未毕业生）债务飙涨之扰源于婚姻和创业的。[1]

当大公司通力购入自身及其潜在竞争对手的股票时，剩余股票的价格就会上升。但是，部分精英公司股票价值所获得的这种好处，是以经济停滞不前、新竞争欠缺、放弃学习，以及就业和增长乏力为代价的。

问题的一部分在于我所说的“局外人交易丑闻”。受制于政府对内幕交易的政治打压和“公平信息披露法律”，投资者必须遵守“不得投资于其掌握内幕的任何事物”的政府规则。政府希望公众投资的唯一事物是国家彩票，“这里大家知道的信息都差不多”。

外部交易者利用市场统计数据和季度收益相关性，来指导更短暂的交易。创业型学习来自公司内部的深层，而且需要内部的专门知识，故禁止任何拥有内部知识的人参与交易，将迫使投资者远离对公司的严密分析和生产性融资。

面对证券交易委员会（SEC）变幻莫测的规则和电脑化的调查，银行或对冲基金基于真实的、独特的内部信息进行公众投资，显然是一种有勇无谋的行为。几乎每一个知悉某家公司内幕信息的人，都会被禁止对该公司进行投资。例如，公司董事会的成员——他们总是被认为掌握着某种可归罪的内部信息——基本上会被禁止购买他们最熟悉的公司的股票。他们只有在自己亏钱时，才会免遭他人怀疑。令人惊讶的是，证券交易委员会更青睐那些对其掌管的公司一无所知和未持有公司股份的董事会。律师和会计师遂大行其道。证券交易委员会通过将这些投资推向傲慢无知的外部交易者，来使这些投资成为徒劳。

即使是共同基金和其他股市投资者，也越来越回避对特定公司进行现状调查。受到监管者的警告后，许多基金公司几乎不会对电子资产负债表以外的资料，和快速交易算法所用的季报数据之外的公司，进行任何分析。

在这套自欺欺人的体系下，收益已经转向集团企业领导和私人股本投资者，他们能从每一笔投资均完全合法的内部交易中获益。精明的私人股本投资者，现在可以将小型上市公司私有化，以及避开成本高昂的政府借助冗余法律程序和会计欺诈实施的各种成本高昂的障碍，攫取丰厚的回报。

不妨举两个著名的例子。沃伦·巴菲特的伯克希尔–哈撒韦公司和杰夫·伊梅尔特的通用电气公司，其实都并非真正意义上的一般企业，而是在两人深有研究的公司中，从事投资配置的合法的内部交易者。同样地，风险资本家和私人股本投资者，绝不会在对公司内部各方面做详尽调查之前进行投资。

以公司内部深层知识作为投资指南的风险资本，是经济体中最有价值的资金。风险投资者推动学习曲线渗入更广泛的创新领域，他们掌控的种子公司现在已经贡献了约21% 的美国 GDP，65% 的美国资本市场市值，以及很可能被低估的 17% 的美国就业市场。[2]

但是，风险资本仅代表了总资本很小的一个比例——低于 0.2%。伯克希尔 – 哈撒韦和通用电气等全球集团企业，部署和控制着绝大多数资本。它们是经济体中一股纯粹的积极力量，但是它们对能带来实际经济增长、就业增加和学习效应的创新的贡献，大多相对较少。

由于较少接触风险资本或私人股权游戏，普通民众往往被建议将其资金投资于“指数基金”。指数基金产生的知识和学习效应，并不比国家彩票多多少。不对具体的公司进行任何研究，就从市场上购入一组样本股票，指数基金可使公众分享到内部交易集团企业的部分收益。但是，它们对创造增长和财富的学习过程毫无助益。指数基金就像实际投资者在实验室研究中用的寄生生物。

指数基金甚至比它们看上去的还要糟糕，因为它们的配置不是以预期投资收益为基础，而是以市场资本总额为基础。随着公司的估值越来越高，它们所持有的基金控股比例也变得越来越高。苹果公司作为全球最具价值公司的异军突起，拯救了成千上万经理人的职业生涯。诚可谓，时势造英雄。但是，正如龙洲经讯的经济学家查尔斯·加夫指出的，“在一个真正的资本主义制度下，价格越高、需求越低是一条基本规律。指数基金却非如此，其价格越高，需求也越高。这太疯狂了”。[3]

不过，就像由先锋集团的基金投资大师约翰·博格尔倡导，并得到美国证券交易委员会内幕交易恐惧症者鼓励的，这些寄生性和扭曲性的指数基金，直接抑制了经济中的知识创造和学习效应。[4]眼下，先锋集团消极地“管理”着约2.9万亿美元资产，它们对投资过程毫无帮助。它们扰乱和阻碍市场，而非（真正地）投资于市场。它们并没有创造财富和就业，而是在破坏财富和就业。

大型银行的金融权力掮客，使所有“内部交易者”和知识经纪人的积极投资暗淡无光。他们借助于杠杆和套利、快速交易和风险洗牌，长期来以接近零的利率获得了几乎不受限制的资金，政府则将它们中的大多数美化为“大而不能倒”。事实上，通过美联储和其他许多监管部门，联邦政府已经使这些机构的负面影响社会化，并使它们能够继续从事它们所谓的“创造性冒险”。但是，它们实际造成的却是越来越多悬臂式的贷款，以及小部分实际权益处于风险中的复合证券的荒谬扩展。真正的企业家冒险精神，与隐含政府担保的杠杆过度全然无关。

在 2000—2010 年互联网泡沫破灭和金融大衰退的 10 年低迷时期，社会化的大银行尽情享受着美联储零利率的充裕资金，购买了价值数万亿美元的政府债券，并且获取了其中的价差。它们隐蔽地从美联储那里获得了超过 1 万亿美元的慷慨援助。[5]

通过零利率政策，纳税人、股东和退休人员为银行从业者和政府部门的这些所得买了单。[6] 有些免费的东西，只有关系亲密的人才能获得。主街显然排在名单队伍的后面。零利率政策使华尔街高杠杆投机者可以获得廉价资金，使政府可以获得低息借款，使创业型小企业面临信贷短缺。大约 2600 家社区银行不得不选择歇业，它们太小，难以获得援助。

流通速率，即货币的交易频率，也就是 1 美元在一年里完成的周转次数。货币是一种波浪现象。由于波浪的势能随着其振幅范围的扩大而增加，大规模长期投资的影响将比一连串小额交易更为显著。小波浪的威力显然不能同海啸相提并论。无数快速交易的简单加总，也不会产生对经济体产生强烈影响的投资工程。

微小的暂时的反常现象不足为奇，它们只有较低的熵值。仅仅反映杠杆和借款能力的利润，通常而言对学习过程帮助不大。它们只是反映了承担一个可预测的风险程度，而非创造性学习的奇点效应的意愿。这样的利润是可以预测的，因此熵值较低。

斯坦福大学物理学家、诺贝尔物理学奖得主罗伯特·拉夫林，对科学家企图发现在电脑模拟相变过程中出现的，本质上只是一种短暂形式——比如水在即将沸腾时产生的泡泡——的重要性的精细努力做了嘲讽。[7]这些电脑模拟的虚拟产物，在外部交易者煞费苦心寻找的瞬时关联中，可以找到相似物。正如克劳德·香农所知道的，一种创新性的数据点的模式——其反映了长期的有目的的准备和发明——“原则上”有别于一种随机模式。对瞬时关联的随机模式进行剖析，并不能获得新知识。你不能借助示波镜来研究市场的涨跌起伏，你需要一台显微镜，才能深入探究单个公司的组织细胞。

货币的价值应该是稳定的。用信息论的术语来说，它们应发挥高熵创造物的低熵载体的功能。但是，波动无常的货币市场充满了劳克林泡沫（Laughlin froth），出于对瞬时反常现象的考虑，我们会借助电脑对这些泡沫进行剖析。利用杠杆，这些交易可能会积累成巨额利润。但是，这些利润不会对构成一个知识经济体全部经济增长的熵学习过程，产生多大的贡献。

货币改革可以把银行从目前作为政府工具的庸常化中解

放出来，使它们再次成为至关重要的投资运输血脉。在任何银行体系中，收益期限（maturities）不匹配的原因都是储户动机和储蓄价值来源之间的分歧。储户希望以一种流动形式保持自己的财富，这样他们就能随时取回本金。但是，时间不可逆的定律决定了货币不可能保持一成不变，或者可以在不损失部分价值的情况下被任意处置。

由于延续性和扩张性，银行的财富完全依赖于对具有风险的学习过程的长期投资，即对任何时候都可能会失败的公司和项目的实际投资。银行的作用在于，将储户对安全性和流动性的需求，转化成企业家必须面对的长期非流动性和风险承担。缺了扮演这种角色的银行，经济将出现衰退，正如劳伦斯·萨莫斯和罗伯特·戈登所观察到的那样。[8]

在阐释英国在世界贸易中占支配性地位的来源时，维多利亚时期的著名媒体人沃尔特·白芝浩，指出了资本大量聚集在伦敦各银行的意义：

> 一个手握100万英镑的银行家拥有一种强大的力量。他可以立马把这笔钱借给自己愿意借的任何人，而且借款人会登门拜访，因为他们知道或确信他有这笔钱。但是，同样的100万英镑若分散在整个国家的10个或50个人手上，那么它几乎无多大的力量，因为

> 没有人知道去哪里找到这笔钱或问谁去借这笔钱。货币在银行的聚集，尽管不是唯一的原因，也是使英国货币市场异常充裕和远超其他国家的主要原因。[9]

1860—1877 年担任《经济学人》杂志主编的白芝浩，把杠杆力（power of leverage）视为推动经济多样性和经济活力，以及使小企业家胜过老牌资本的重要力量。他给出了一个初创企业利用杠杆在规避风险过程中比一家知名企业做得更好的例子。即便需要偿还贷款或进行股权投资，初创企业也能通过提供更廉价的新产品，给老牌企业带来冲击。白芝浩写道："货币平均主义对创意的偏好，远胜于对老牌资本的偏好，它在许多地方非常不受欢迎。"

"银行业是一桩有利可图的交易，"白芝浩总结说，"因为银行家不多，而存款人却数不胜数……由于其他地方并未出现相似的银行体系，结果使得伦敦城金钱横流，而所有其他的大陆城市却相形见绌。"

白芝浩拿银行业和创业活动做了对比。"银行家必须随时检视自己，以确保他握有足够的储备金。冒险是商业活动的生命，谨慎——我甚至可以称之为"胆怯"——是银行业的生命。商人使用的是他们自己的资本，而不是其他人的资金。"

2008 年危机的重要成因之一是，一些银行业者发现了由政府担保的他人资金的诱惑。白芝浩很能理解这种诱惑，他曾对紧急救助银行的做法提出过警告。他写道："（银行政策的）重要格言是，对当前坏账银行的任何救助，都将构成未来产生一家优质银行的严重障碍。"

早在白芝浩那个时代，他就对民主政府体制下中央银行业务的不一致性提出尖锐批评。"一家不需用现金偿付纸钞的银行，享受着一种'美丽人生'（charmed life）；它可以随心所欲地发放贷款和印行通货，而不必担心会损害自身利益；它只需做做表面文章，而不必接受任何实质性的检查。"白芝浩对于一个"更好的体系"有很多想法，我们依然很难否认他的最终观察结论："对（中央银行）的依赖在我们的国家习惯中已经根深蒂固。"

但是，也有不同的地方。白芝浩当年所描述的是牛顿式的世界。今日央行所管理的通货并无一个黄金之锚，因此它饱受同样的自我参照的循环性之扰，这种循环性的外在现实基础很难被消除，它会危及所有的逻辑体系。美国联邦储备局就享受着白芝浩所谓的"美丽人生"："它可以随心所欲地发放贷款和印行通货。"失去锚定的美联储货币，可以出于政府赞助者及其假冒私人裙带关系者的利益，而被任意操控，这些人向美联储出卖了他们的灵魂。

第 13 章

时间的皱纹

时间就是你生活中的硬币。它是你所能拥有的唯一硬币，只有你自己才能决定如何花费它。当心！莫让他人替你花掉了你的硬币。

——卡尔·桑德堡（Carl Sandburg）

时间即金钱可能早已是老生常谈。当然，货币还可以充当许多其他事物，从购买媒介到价值尺度，再到财富储存手段，等等。货币明确界定了不可逆的契约和交易、债券和投标，它把条件信号传递到远离其所在地的地方。一个朋友曾向我断言，社会科学中的任何事物，要么是错误的，要么是不证自明的。时间即金钱是否同时属于这两者呢?

时间作为货币的一个面，并不比空气或水作为货币的一个面有更多的含义。时间即金钱是否只是一种修辞，抑或只是一种巧言隽语？

我并不这么认为，因为我不觉得货币只是一种功能性的工具。正如艾因·兰德（Ayn Rand）——她希望在自己的棺材上雕刻一枚美元符号——那样，我认为货币具有非同寻常的意义。这是因为，我们用它来对我们的绝大部分活动进行优先排序，登记和让渡我们的学习和发明成果，以及组织我们社会赖以维持生存的工作。货币远不止是一种支付体系，它代表了一个关于世界的体系。这就是我把货币同库尔特·哥德尔、艾伦·图灵和克劳德·香农的信息论联系起来的原因。

这三个大思想家都企图通过功利主义的和决定论的数学运算，来定义自己的哲学。哥德尔把纯粹逻辑学当作数学处理，他得出结论认为，即使是算术也不能构成一个完备的、一致的系统。所有的逻辑方法都必须超越自我参照的循环性，求助外在于它们自身的公理。图灵探讨了一台完美的、自我完备的逻辑机器的可能性，他发现这是一个不可能实现的美梦。他的“图灵机”定义了所有计算机的抽象逻辑架构。但是，所有的计算机都必须依靠图灵所称的人类“神谕”（oracles），来定义它们的符号、指令和程序及解释它们的输出，即一连串断断续续的电流，否则这些电荷表面上将毫无意义。[1]香农则打算创立一个纯粹数学的信息定义，但最终也只能给出一个关于通信的逻辑方案，其依赖人类出于某种意义和目的的主体性和创造力。

作为逻辑和信息的一种复杂表示，货币显然代表了信息论的前沿。作为一种逻辑方案，货币必须具备一个超越其本身的公理性基础。它无法忍受自己作为一种简单的重复物，其价值源于其所购买之物且由后者衡量。若按照这种思路，则最终总会导致一种需要政府部门危机管理工具的崩溃或通胀狂欢。

作为计算化的网络化经济的一种最重要的表示，货币构成了一个信息系统。香农关于信息作为熵或惊奇的价值中性定义，激发成千上万的工程师去设计计算机和网络系统——我们当代文明不可或缺的组成要素。他们并不关心自己使之成为可能的通信的意义、价值、实在性、真相、一致性或重要性。

然而今天，互联网正在遭受这些工程学必要限制的后果影响。为了维持网上交易，网络必须依赖于可信任的第三方。由此带来的额外成本阻碍了小额交易。缺乏在一个可信任的价值体系中的锚，互联网只能导致自由买卖和过度疯狂之间的不断回旋。在区分网络活动的优先级、验证网络主张、为网络服务定价、执行无所不在的网络“契约”或确认网络权利等方面，网络同样表现出了一种无能为力。网络为香农的天才及其研究中哥德尔式的不完备性提供了最佳证据。

现在，自人类全面步入信息社会以来，我们第一次朝一个可称之为新的世界体系迈进。处于其核心的是一套新货币体系的发展，该体系以比联邦储备委员会杰出理事新近召开的会议背景更深层的现实为基础。银行业者、政客、学者和行政官僚等等，必须停止将货币当作一种可操控的政策工具。

货币对于任何世界体系都至关重要，它已经把自己的影响力扩展到君主和总统、议会和首相、将领和伊玛目（imams）①、民主党人身上。所有人都必须遵守一套使权力从属于知识的法律和约束体系。

正如路德维希·冯·米塞斯所写的，经济学“在改变人类思维上，比任何其他过去和未来的科学理论做得都更多”，因为“有了善民和强有力的政府，任何事务都被认为是可行的……（但是随着经济科学的出现）现在人们知道，社会领域同样有一些在实施中的事务，通过权力和强力无法改变，而它们要想获得成功，就必须调整自己，就像他们必须考虑自然法则一样”。[2] 在新世界体系下占支配地位的自然法则中，

① 伊玛目一词最早源自对穆斯林祈祷主持人的尊称，又称领拜师，即众人礼拜的领导者，后来引申有学者、领袖、表率、率领者、楷模、法学权威等含义。——译者注

信息论的研究发现至关重要。

这些法则与物理和化学规律相互交织，并且必须同它们互相兼容。但是，经济法则不能只停留在物质领域。货币所处的知识和学习层级高于自然因素和力量的规则，[3]它超越了决定论，并且使创造力和自由成为可能。

米塞斯等奥地利学派经济学家长期以来一直认为所有的价值都是主观的。他们的逻辑如今仍然牢固。正如哥德尔发现和香农所暗示的，即使是对信息的度量，也需要依赖于外在的判断和解释。但是，价值的这种主观性却是在客观的时间矩阵中产生作用的。时间是一种具有无可辩驳的客观性的经济要素，因此它为受主观驱动的货币流动提供了客观物质基础。

时间的客观影响限制了所有的人类活动。有翼战车、死神、强行军和赫拉克利特之溪，等等，都是文学作品和日常生活中的普通比喻。但是，货币以一种比任何其他人类工具都更直接的、意义深远的、整体性的、测量性的、分析性的和决定性的方式，同时间息息相关。

货币的替代选择是物物交换，即直接交换货物，而不存在储存和分配体系。只要想象一下原始经济中物物交换商品的估价问题，你就能直接面对时间的中心性。决定每一种交易商品可得数量的，正是生产额外一单位该商品所需花费的时间。

造一所房子需要花费的时间比造一把锤子多得多。因此，大致考虑即可知，一所房子的价值也许抵得上好多把锤子。直观地，不同的时间要求使一匹马比一个苹果更有价值，一双鞋子比一个椰子更有价值。作为所有商品和服务的共同要素，时间决定了交换的可能性。随着物物交换经济发展成商业经济，这些共同的时间要素就可以用货币来表示了。

金钱和时间之间的纽带，在受“货币的时间价值”——通过利率得到反映——支配的贷款和储蓄的情形中一目了然。这些核心的资本主义功能，仍然会引起愤怒和混淆。作为法国“卫道士”（moralist）的托马斯·皮凯蒂，把它们概述为“资本”的暴行和“食利者”的慷慨。[4] 皮凯蒂认为时间和金钱的关联是可供选择甚至应该谴责的，从而未予严肃考虑，他继承了几千年来固执地沉思利息偿付的道德性与合法性的哲学家和国王、牧师和学者的观点。

几百年来，天主教和伊斯兰教信仰都将索取利息指责为“高利贷”。品行端正的人被认为不该执迷于生命的时域限制。在由高尚的思想家组成的道德宇宙（moral universe）中，未来、现在和过去将在天国里重叠。贵族时时处处都被教导应鄙夷那些同分类帐和工作日历、时钟和精算表打交道的实干家。希特勒对犹太人的反对，受到了金融收益某种程度上是俗气的或敲诈性的、不近人情的或阴险的这一观念的刺激。[5] 夏洛克和斯克鲁奇是放债人和吝啬鬼的著名文学典型。一个放债人通常被认为会否认交易中唯一重要的是贷款日期，因为一到偿还期他就能收回资金并且再次放债出去。意识到货币反映了时间成本，利息支付就应获得其本该获得的明显的合法性。

银行贷款利息的反面是，为储蓄或存款——相当于消费者借给银行或其他企业的贷款——支付的利息。在零利率政策的支持者、皮凯蒂和其他热情倡导利用通胀刺激经济复苏的人士看来，这些利息回报也是可选择的或任意的。他们把论点聚焦在财富“分配不均”或债务负担的不公平上，特别是当由民主政府来承受这些负担时。通过操纵货币政策工具、控制债务利率和刺激货币贬值，政府及其幕僚经济学家，正致力于一场徒劳和极具经济破坏性的对抗时间的战争。

在物理学中，时间之箭的来源是熵。根据热力学第二定律，宇宙的物理过程使能量从可用形式转换为不可用形式，从瀑布顶端的势能转换为胡佛水坝（Hoover Dam）飞泻直下的动能，再转换成水流入海的利用价值更低的能量。

萨迪·卡诺（Sadi Carnot）在 19 世纪蒸汽机的背景下定

义了熵。[6]他计算了从热分子到冷却分子的热力流，及在缺乏外部新能量供应下逆转这一过程的不可能性。新闻记者往往会援引他们的早餐鸡蛋或他们咖啡的奶精扩散，作为熵过程不可逆性的例子。经济学家和生态学家则把熵作为断言自然资源最终将会耗竭，或地球不可能永远承受人口增长的理由。[7]

路德维希·玻尔兹曼（Ludwig Boltzmann）最早把熵的过程和无序进而和信息联系在一起。[8]克劳德·香农则最早把无序和信息惊奇进而和创造力联系在一起。休伯特·约凯（Hubert Yockey）表明，即使在生物学中，要从一系列创造力惊奇的数据点集中，区分出一组随机数据，本质上也是不可能的。[9]今天，物理学分成了两大学派：一派把宇宙视为仅仅受一个无穷大的多元宇宙（multiverse）命令的随机系统；另一派则赞成一个受创造和创造力命令的单一宇宙说。[10]

如信息论所显示的，企业家启动一项意外地改变了我们生活的发明或新技术，学者通过可证伪的证据来论证一种新理论，科学家则挑战熵只是像冰川崩塌融入北冰洋或老房子的油漆和瓦砾剥落那样是确定和不可逆的理论预期，从而发现一种新的能源。类似于热力学的熵，信息熵传递了混乱，而非秩序。秩序和决定论代表预期的实现，它们是低熵的，而混乱和自由却是高熵的。

信息论并不提倡混沌或无序。香农证明了，需要一个低熵载体——一条不含任何惊奇的可预测的信道——来承担充满惊奇内容的高熵信息。由于一个随机的码流较难区别于意外的和令人惊讶的创造力，香农表明，你不会想要一个熵的或令人惊讶的载体或噪声信道。世界绝大部分信息都在通过向电磁波作为载体传播的原因在于，电磁波谱具有光速和客观时间法则所确保的低熵可预测性。可预测的电磁波载体，使信息接收者能够从线路另一端的载体中区分出它们。

信息论的经济学分析，把货币同宇宙中最根本性的和不可逆的载体——时间，联系在了一起。货币并不是交易的内容，而是一种载体。但是，货币的使用使高熵信息的传递成为可能。构成低熵网络通道的玻璃、光线和空气的“万维网”，并不包含任何比价格信号的“万维网”更重要的或更高熵的“信息”。

恩斯特·马赫（Ernst Mach）的物理学“原理”认为，深不可测的力量穿越于任何特定时点的整个宇宙，形成了任何给定地球坐标的条件。[11] 马赫原理同样适用于市场经济，甚至非市场经济也不能例外。每一个价格都是其他价格“万维网”的表示，通过货币传递且根源于时间。若其根源被政府摧毁——正如拔起萝卜看看它们是否已经成熟，则价格体系将传递出错误的信号，扼杀构成了全部经济增长与进步的学习和探索。

科学家一直很感激通用计量单位在经济和工业中起到的重要作用。桥梁、高楼大厦和电子系统的建造者，从世界各地获取部件。为了使这些部件能和其他部件协同作业，它们的使用者必须依赖各地都通行的度量体系。

国际单位制（以它的法语名称缩写“SI”为人熟知）建立在7个关键度量标准上，每个度量标准都以一个物理常数为基础：时间单位（秒），长度单位（米），重量单位（千克），绝对温度（开尔文，度），电流单位（安培），分子质量单位（摩尔），以及光度单位（坎德拉）。在这些相互间具有不可变性的单位基础上，构造出了绝大多数国际贸易和商业“机器”。[12]

这些度量单位不可以随意变动，它们的恒定性使建设项目、电脑设计、食品加工设备、网络、电冰箱、燃料、管道、科研实验室、微芯片资本设备、工业传感器、照明系统、医疗器械、光纤电缆、假肢器官、铁路轨道、贮藏设施、医疗设备，以及工业和政府等部门其他复杂的系统能够协调作业，以维持我们的日常生活和生存。

正如理查德·维吉兰特所指出的，“在烤蛋糕时，我们不会用糖来衡量面粉，或者用香草来衡量橘子。我们不会说我们需要‘两勺黄油’的培根，或者‘三个苹果’的橘子。相反地，我们用量杯和勺子来计量。我们会准确地使用量杯，因为没有人会傻到认为量杯的最佳用途是拿来烤面包”。[13]

在人类历史的大多数时候，政治家和哲学家同样明白货币具有一种类似的角色。在全球经济中，货币不能和商业相互融合；它们必须根源于一个外在于交换过程的绝对的度量基础。如果物价不相协调，它们将导致企业偏离正轨，这样一来就不能增加经济体的价值，进而也就不能通过可试验的学习创造知识。

国际单位制的度量指标证实了，“时间”对所有不可变的和不可逆的度量标准而言，都是根本性的。7 个关键单位中的 6 个单位，均直接依赖于受时间流逝支配的物理常量所约束和定义、固定和架构的度量。因此，所有国际单位制的度量指标中，最基本的是“秒”，而秒取决于光在真空中的速度。其余的度量指标，本质上皆来源于这一基本的宇宙时间常量。

例如，“米”似乎是一个空间度量指标，但国际单位制把米定义为 1 秒的极微小间隔内（实际上相当于基态绿原子 9 千兆赫释放），光在真空中所穿行的距离。作为绝对温度的度量指标，“开氏度数”是受秒钟流逝限制的频率的反映。“千克”与普朗克的量子常数 h 相联系，h 是一个用来使量子波函数转变为焦耳每秒，进而与光速相联系的通用单位。

“安培”则受根源于每秒震动频率的电磁学所支配。“坎德拉”同样是受支配于每秒震动周期的赫兹现象。

国际单位制表中的唯一例外证明了这一规则。“摩尔”因为以阿伏伽德罗常数计算，而“摆脱”了与时间直接相关。但是，正如爱因斯坦告诉我们的，质量和能量最终仍然是光速在秒的潜在因子中的表示。

经济中潜移默在的关键度量指标和信息反映——货币，也只有就其价值根源于时间的意义上说，才是可靠的。作为宇宙中唯一不可逆元素的时间，具有热力学熵所赋予的方向性，是所有价值最纯粹的参照点。

思忖一套新的世界体系，将有助于发明新形式的货币，政府和中央银行正在热切地企图证明他们实行利率操纵、采取通胀和货币贬值、资产购买支出以及再分配措施的有效性。

上述抵制与企图扭转时间和熵的不可逆流动的努力，必定会遭到失败。在民众做出何时花费或投资他们掌控的资金的选择之前，购买媒介的数量洪流可以说毫无方向和目的。流动速率和周转频次，完全胜过了凯恩斯主义体系中具有欺骗性的时间操控。

为了克服当前正在考验着整个世界的经济低迷，我们必须重建一套健全的货币体系，锚定宇宙的物理常量，而非银行业者的反复无常。

第 14 章

恢复健全货币

我比以往更加确信的是，如果我们再次拥有健全货币，它将不会来自政府。健全货币将由私人企业发行。

——弗里德里希·哈耶克（1977）[1]

我们能否重拾美国梦？我们能否解除硅谷所面临的束缚，使主街重新焕发生机，使华尔街恢复其在利用创新中所扮演的重要角色？答案是肯定的。信息经济是一个注意力经济，它可能会像注意力改变那样快地发生改变。货币并不是一个谜团。我们人类可以掌控它，并且使它成为我们的仆人。政府垄断货币在未来有望成为历史。

虽然绝大多数经济学家认为现存条件颇为棘手，但不管是 20 世纪 70 年代的通货膨胀，还是今天的增长停滞，政策的逆转都能在几天或几周内带来巨大的改善。正如现行政策抑制了增长一样，政策改变也能使所有的创业资产实现一个即时的显著增加。健全货币、低税率和放松管制等，可以开启和延长创业活动的投资回报期。

许多不同的时期和地方都曾发生过这样的转变。比如，“二战”后，当数以千万计的复员转业军人从前线回来，不得不由驻防状态转向满足民用需求的经济中时，经济学家称之为一轮新的大萧条。但是，1946 年总统选举中共和党的大获全胜，使美国迅速摆脱了战时政府计划体制，而且哈里·杜鲁门总统通常很难抵制改变。

1945—1947 年，政府支出下降了 61% 以上。卡托研究所的经济学家阿诺德·克林（Arnold Kling）指出，“作为 GDP 的构成部分，政府采购支出的下降，比今天政府削减的支出总额还要多”。[2] 约 15 万政府监管机构的工作人员被裁员，可能还伴随着上百万其他部门的政府文职人员。同时被解散的还有战时生产委员会、战时劳工委员会、战时物价管理局等备受约翰·肯尼迪·加尔布雷斯（John Kenneth Galbraith）① 所拥护的管理机构。

---

① 约翰·肯尼迪·加尔布雷斯（1908—2006），加拿大籍美国著名经济学家，政治家，新制度学派主要代表人物之一。先后执教于加利福尼亚大学、哈佛大学和普林斯顿等，曾任美国价格管理局局长助理，约翰·肯尼迪总统顾问，印度、巴基斯坦和斯里兰卡政府顾问和美国驻印度大使。——译者注

每一个凯恩斯主义者和社会主义经济学家，都信心满满地预测将出现萧条。1945 年，保罗·萨缪尔森预言——听起来像他的诺贝尔经济学奖后继者保罗·克鲁格曼极力鼓吹实施数万亿美元新“刺激”，或拉里·萨默斯预测“长期增长停滞”，或托马斯·皮凯蒂和罗伯特·戈登预计增长结束那样——“（我们面临着）以往任何经济体都不曾面对的，最艰巨的失业和低迷时期”。

但是，不仅没有出现新的萧条，而且美国国际地位的提升，推动了资本主义经济在世界范围内的发展。接下来的两年中，经济增长达到了 10%，民用劳动力增加了 700 万。尽管针对投资者的税率高达 91%，从战时控制中解放出来的私人部门，开启了一轮长达 10 年的繁荣。通过家庭联合税单计划产生的 50% 的实际税收减免，为这一极其高昂的税率提供了补偿。从监管、税收负担和战时抑制中得到释放的大型制造企业，开始成为推动全球资本主义发展的“先锋队”。

相对健全和可靠的货币，为上述放松管制政策提供了至关重要的补充。世界范围内从萧条和战争中的复苏和增长，所依据的框架是“金汇兑本位制”。1944 年，所有同盟国成员在布雷顿森林小镇经谈判决定建立金汇兑本位制。金汇兑本位规定其他货币和美元可以相互兑换，反过来美元则可以 35 美元兑一盎司黄金的比例兑换黄金。

布雷顿森林会议确定的固定汇率体系，为延长全球投资和创业活动的回报期，提供了稳定性基础。该体系在整个战后繁荣时期都运行正常，它为25年间每年平均2.8%的全球经济增长提供了货币支撑，之前和之后从未出现过这样的增长。这一增长率几乎是1971年以来全球年均经济增长率的两倍。几乎没有违约，没有银行业危机，创新和进步全面开花，即使是那些认为经济“长期停滞”的预言者也认为这是一个黄金时代。[3]

1971年布雷顿森林体系寿终正寝后，全球货币体系开始严重依赖于中央银行（主要是美国联邦储备局和欧洲央行）之间的政治博弈。虽然美元为扩展投资回报期提供了一个适当的避风港，可靠的货币却变得越来越稀缺。尽管如此，通过取消繁重的控制和掠夺性的税率，大胆且有魄力的决策者依旧能在几乎一夜之间创造出增长奇迹。

新西兰曾是世界上最富裕的国家之一，那里的农产品贸易和建材市场一度欣欣向荣。但在20世纪80年代中期，它却发现自己陷入了经济停滞。经过20年大规模的农业补贴和支持，新西兰甚至还难以实现粮食自给，整个国家只得滑入第三世界阵营。新西兰的最高所得税率高达66%，政府部门占GDP的份额为45%，该国深深地陷入了衰退和停滞的泥淖。

出人意料的是，工党政府的上台推动政策发生了改变，工党决定对所有的政府部门实行零基预算法。新政府廉价出售了航空公司、铁路公司、机场、海港、公交线路、银行、旅馆、保险公司、海上保险公司、广播频道、印刷设备、森林和灌溉系统，以及其他大量控股投资领域。此外，政府废除了 1985 年占国家全部农业收入 45% 的农场项目。中央银行被私有化，独立于政府之外，其角色仅限于控制通货膨胀。

对于这些改革的结果，前新西兰交通运输部部长莫里斯·麦提格（Maurice McTigue）总结道："10 年后，新西兰拥有了发达国家中最具竞争力之一的经济。国有企业占 GDP 的比重降至了 27%，失业率处在 3% 的健康水平，最高税率则下滑至 30%。"[4] 被取消的还有资本所得税、遗产继承税、奢侈品税和消费税。但是，国库收入却大幅增加，"政府预算由 23 年的财政赤字，变成了 17 年的财政盈余，从而偿清了绝大部分国家债务"。

随着农产品补贴的废除，新西兰成了世界上最具创造性和盈利能力最强的食品出口国。新西兰出产的不同乳制品种类从为数不多增长至约 1.7 万种，而且在奶酪和黄油出口上获得如此大的成功，以至于威斯康星州的乳制品行业指控它采取了不公平的贸易手段。

在20世纪80年代中期新西兰实现大转变的同时，以色列也完成了从处于危机中的社会主义经济，向拥有一个守纪律的货币制度的私人和放松管制的自由企业经济的转型。[5]据称，将近100万俄罗斯犹太人的迁入，曾使以色列面临的转型挑战更为艰巨复杂，尽管这些犹太人中的许多人都具备高等教育程度及数学和工程学技能。

正如美国和新西兰一样，以色列也得益于政治领导的一场变革和对自由企业的崭新态度。1985年，保守主义的利库德党（Likud Party）开始掌权，其实行了促进创业活动的福音主义（evangelism），把税收降低了30%，并将以色列龙头企业中的国有比重由80%缩减为20%。在短短的10年内，以色列从一个近乎瘫痪的工业落后国家——其通胀率在1984年甚至飙升到了1000%，崛起成为人均创新和增长居世界前列的领先国家。如今，以色列的创造力甚至助推了许多最具影响力和最为流行的美国产品，从谷歌的交通指南到苹果的iPhone手机，从互联网到医疗中心，从反导防御系统到“云计算”的最新领域。正如美国的战后大转变和新西兰20世纪80年代的大转型，以色列的复苏几乎是对经济观念改变而非物质条件改变的直接响应。

今天，最相关的例子也许是中国奇迹所包含的货币经验。健全货币和供给侧经济学的法则非常强大，中国人民把落后的经济现状改造成了世界上最大的增长最快的经济体。中国并未遵从米尔顿·弗里德曼的货币主义建议，也未屈服于四届美国总统对中国所谓的“操纵货币”的外界骚扰，而是通过将本国货币固定在美元上，创造了这种奇迹。中国的货币状况并非完美无缺，但是在美元相对稳定的几十年里，它们制造业的健康和迅猛发展而言已经足够好。

不幸的是，近年来美国一直在推行抑制供给侧的政策措施，不断增强对制造业、工业创新、IPO 和技能型移民的压制性监管。一个高熵的美国政府，却在提供不断下降的关于税收、货币变动和繁杂监管的“惊奇”，留给真正的私营企业家低熵的、低利润的残余。

美国的政策如此敌视私人经济，以至一个政策上的改变就能释放出巨大的能量，使凯恩斯主义和货币主义的悲观论者名誉扫地，并且催生出一个属于美国的世纪。为了实现这点，我们必须抛弃政府投入的大量救助资金可以转变为财富的观点。我们必须遵从古老的货币法则，重新认识到货币主义的缺陷，反思货币是什么以及它不是什么的问题。

健全的货币建立在“时间”的基础上，它是稀缺的、有价值的和不可逆的，并且受熵支配。它可以被用来对创业活动的所有权衡和计算进行优先排序。如果没有时间的约束，一切似乎皆有可能，特别是在政府权力导致事实被扭曲的领域。货币对创业活动施加了时间限制，给政府权力带来了时间约束。健全货币为经济生活带来了现实性。

通过篡改货币的客观时间关系，政客或中央银行阻碍了学习效应，缩短了我们日常生活中的投资回报期。以毫秒为单位进行交易的“快闪小子”不可能使市场更趋完善，他们只会扰乱市场。毫无意义的市场摆动可能会获得“利润”，但它绝不会产生学习效应。因此，它只是代表了使作为经济学现实原则的时间逐渐失效的另一种方式。

以往，对垄断货币的批评采取了会议提议、平衡宪法预算修正案、审计美联储收支和呼吁签署新布雷顿森林协定等形式。在危机时期，这些想法不管有多么吸引人，都似乎要么琐细无当，要么不太现实。

针对货币政策的绝大多数批评，仍摆脱不了价格失控的各种修饰和先例：美元堕落，扁平化的货币贬值，魏玛时期的恶性通胀，纸币对其作为五彩纸屑本身的内在价值的复原，等等。每年，我们都被告知预计将出现另一轮的利率飙升，放弃美元的政策，普遍性的大宗商品繁荣，股市大崩盘，以及天价的黄金。但是每年，利率仍然处在它们的历史低点，大宗商品价格依旧低迷，股市则幸免于灾难并慢慢走向繁荣，美元也继续坚挺甚至变得更具有支配性，而黄金的价格却萎靡不振。

但是，没有通胀就意味着不会出现问题，却是一种货币主义幻觉。货币不仅仅是经济实力的表现，它还是至关重要的信息来源。只有在货币的价值信号真实可靠的意义上，它才能为创造财富的学习曲线提供正确引导。

政府控制和操纵货币。预期到通货膨胀时，企业家就能合理地采取应对措施。工薪阶层甚至会发现他们的工资上涨和物价上涨一样快，他们房屋的升值速度则快于他们抵押贷款负担的增加速度。债务人会看到他们的债务出现了贬值。

在“可预测的”通货紧缩下，物价由于实际价值的创造而发生可靠的下跌，企业家和工薪阶层都能兴旺发达。当物价下跌反映了一个学习曲线不断累积的扩张经济——商品和服务更廉价，其用途却更广泛——时，每个人都能兴旺发展。

但是，面对任意的武断行为和“不可预知的”价值摆动时，除了可以依靠政府者外，所有人都会变得很无助。未预期的价值摆动会扭曲货币充当信息载体的作用。它们使审慎的债务变成致命的负担，或者使债权变成意外之财；它们使合约变为勒索凭据，或者使工资单变为沉重的苛捐杂税，并且使养老金变得一文不值或者变成空头支票。

当货币政策和制度充当着釜底抽薪式的财富再分配的

粉饰表象、盗贼窃取了未来以及政治亲信和盟友获取了慷慨回报时，经济必将陷于崩溃境地。当人们寻求意识形态上的“怪物”，央行扭曲和破坏了物价所包含的信息内容时，经济也必将面临失败。而在关于可操控货币的认识论困境中，任何拥有长期投资或资产、固定目标或愿景事业、雄厚财力或巨额承诺、家庭或职业生涯，甚至一份持久的工作或婚姻，或家庭住宅或就业养老金的人，都将变成政府不当政策的受害者或替罪羊。

由于中央银行管理下全球债务和或有债务堆积如山般地增加，今天似乎没有指望通过直接的立法措施来构建一套崭新的金本位制。在世界货币体系演化史上，拜占庭帝国的皇帝可以说多次售罄了他们的“未来”。量化宽松——通过购买某些资产而拒绝购买其他资产，对证券市场进行直接操纵和干预——已经变成习惯。通货膨胀也成了一项常用的政策伎俩。

打着“通胀目标”的幌子，很多国家的央行都采取了官方解决措施，以使本国通货的购买力贬值。正如史蒂夫·福布斯所指出的：“2% 的通胀（美联储主席珍妮特·耶伦的目标）实际上相当于 2% 的税赋增加，它会导致生活成本上升。”[6] 这又怎么能刺激经济增长呢？

连货币教育促进基金会（Foundation for the Advancement of Monetary Education）的拉里·帕克斯（Larry Parks），也撰文写道：“在今天提倡金本位制，就好比是‘轻骑兵冲锋’的货币等价情形——失败是必然的。对任何一个金本位的支持者——他们几乎都是不被信任的，均存在数以百计被完全信任的（拥有各种奖项、博士学位、名誉主席头衔、著作、部门职务及已发表的同行评议论文的）‘专家’反对者，后者足以淹没他们的主张。”

这应该不是一个绝望的忠告。尽管各国不能强制推行一套崭新的全球金本位制，健全的货币也不是一种任意的法律架构或政策，它是自然的经济秩序和世界体系的一种表示。由于现行货币未能扮演好其作为计量尺度的重要角色，可以说我们目前生活在一个没有货币的世界。人们所称为货币的，事实上只是没有可靠的记账单位的债券和债务。当政府取消它们的货币垄断权力和针对替代性货币的阻碍性税收时，将会出现一种崭新的金本位制。电子支付系统被允许试验性地转向对健全货币的时间约束，它有望和黄金一起演变成一种崭新的全球经济信息体系。

金本位的批评者们担心，金本位会限制货币供给。但是，金本位并不去限定货币数量，它只是限定了货币的价值。因此，金本位不会减少实际货币供给，它会增加对实际货币的需求。在1775—1900年美国实行金本位制期间，货币供给增长速度比之前和之后都更快——增长了160倍；与此同时，人口增长了25倍，美国也顺利完成了工业革命。而且，实际货币供给高达160倍的增长，几乎未产生任何通货膨胀。

以比特币相关的网络技术为补充的金本位制，将带来自1971年以来的第一次健全的货币供给。通过把货币的价值固定在时间流逝上，金本位使健全的货币成为可能。故而，健全的货币的供给取决于我们自身，取决于以真实价格信号的信息网络为基础的私人经济活动和学习效应。

黄金已经在充当全世界成百上千万人的货币度量尺度。从中国和印度到中东石油国，许多国家都在增加它们的黄金储备。许多企业家和风险资本家，也在利用黄金在国际商务中的巨大潜力。金本位结算所（Gold Standard Clearing House）已经试验性地把交易时间降至100毫秒以下。从美国大型医保企业Anthem Vault到比特金，企业家正在创新各种以黄金为支撑的比特币区块链的巧妙组合。信息技术和全球化也正在使新形式的货币变成现实。

全球实力最强大的公司，从苹果和索尼到联想和华为，从三星和巴斯夫（BASF）到埃克森美孚和壳牌，都是既展示本国文化又致力于国际化运营的平台公司。对这些公司来说，浮动汇率正变得越来越成本高昂和不便利。结果，美国跨国龙头企业的大多数利润（约 3 万亿美元）从未被汇回美国。此外，全世界约有 50 万亿的美元外汇储备，躺在对西方敌视黄金持怀疑态度的亚洲和中东国家睡大觉。

健全货币提倡者的目标应该是，开创出一条国际货币的平行路径，它既要能促进国际贸易和交换，又要能为一旦陷入进一步动荡的世界经济提供支撑。跨国巨头企业正在越来越多地寻找规避国家货币和苛捐杂税的途径。随着时间的推移，世界将逐步发展出这样一种解决之道。

美国应采取的首要步骤将是，取消对货币征收的资本利得税。美国已经允许金币流通。财政部铸造了成百上千万枚一盎司价值 20 多美元的鹰银美元，以及一盎司价值 1150 美元的 50 美元面值的鹰金美元。它们几乎全都被囤积起来了。虽然从 1987 年起，按它们的金属价值使用它们是合法的，但这会产生针对它们升值的资本利得税。由于根据合理的定义，一枚金元宝或银元宝的升值即属于通货膨胀，这种税收只会构成简单的剥夺（就像所有针对虚幻的通胀利润的资本所得税一样）。金币和银币可以流通使用，将为美联储导致的任何美元堕落提供一种符合宪法货币的修正。

第二步，也是非常关键的一步，废除针对替代性网络货币的障碍。尽管政府已经鲁莽地干预这一公共基础设施，其仍然是美国彰显实力的重要堡垒，苹果、谷歌、亚马逊、微软、脸谱网、易贝、思科、高通和许多其他美国公司，攫取着全部网络收益中的大头。

网络在美国经济中发挥着重要作用，但其架构却存在一个深刻的缺陷。网络软件堆栈缺乏一种信任和交易能力。其开放式系统互连（OSI）模式界定了七个层次（包括物理层、数据链路层、网络层、传输层、会话层、表示层和应用层）。尽管一些层次已被合并，现存的所有层次仍不能提供关于健全货币价值的信任、验证、实在性或真实性。

今天，网络迫切需要一种适合于全球网络和商务形态与范围的新支付方法。它应能避免浮动货币的恒常交换，比它可能度量的全球经济更容易波动。新的体系应分布在配有网络设备的任何地方，即采取一种基于用户之间点对点链接的分散式的层级结构，而非基于国家金融机构的集中式的层级结构。它应能提供一套受益于摩尔和梅特卡夫（Metcalfe）学习曲线的自动化体系，以便在处理各种规模的交易范围和能力上更有效率。[7] 它应当分享和黄金所具有的稳定价值相同的货币来源。

幸运的是，我们已经发明出这样的交易系统。它将成为网络基础设施的一个新的方面。它便是人们所称的比特币区块链。它已经在应用中了。它以不需要外部可信任的第三方的点对点链接模式运行，而且参照了尼克·萨博提出的“先辈”——比特金。类似于黄金，它的价值最终以时间的稀缺性为基础。由于自动化技术，它将能够适用于微支付。尽管比特币被证明缺点不少，许多大公司仍在开发基于能成功充当电子商务交易层的、至关重要的区块链创新的替代品。

这样一个系统的存在将使网络卖家，比如内容生产商，能够自己标价和自己直接筹资。确认交易生效的同一个程序，将会屏蔽垃圾邮件。在谷歌等信息整合平台拿内容交换广告收入的麻烦，也将不复存在。颇具广告影响力的整合平台，将只会增加自动化系统的无效率，该系统可以利用学习曲线资源来最小化交易成本。网络将拥有一套属于自己的货币制度，其具备一种与网络庞杂的多样性和网络用户交易的多价值层次相称的间隔尺寸。

由于较低的商品和服务市价——尽管谷歌和其他公司只对它们的服务收取以毫分计的费用，但它们仍能赚取大笔收益——网络经济将超越其当前欺诈和打着免费产品幌子行骗盛行的现状。它将能实现其作为人类创造力的无摩擦的促进者，而非诈骗通道的承诺。网络经济的巨大市场将推动世界沿着增长的学习曲线，通向知识和财富创造的新领域。

但是，一个新的全球网络价值标准，必须禁止针对网络货币的税收。如果只有政府货币可以避免税收，那么比特币等替代性货币将永远难以形成蔚然大观。任何严肃对待货币改革的人，必须通过消除政府对健全货币的障碍立即行动起来。

如货币学者朱迪·谢尔顿（Judy Shelton）所倡导的，进一步的措施将是“固定美元”。[8] 他提出的首要工具是财政部发行的信托债券，即可以拿美元或黄金赎回的五年期国库券。它们可以通过立法实施，也可以作为财政部的计划实施。

可以通过特别立法，授权政府发行五年期国库券，国库券不支付利息，但在期满后可根据持有人的选择，以黄金或债券面值的形式偿付本金。这项政策工具（将构成）美国政府赎回国库券名义价值（“面值”）的一种义务，不管是采取预先规定的精确黄金重量还是以折算金额计算的美元数额的形式。兑换比例（以“克黄金”计）在整个债券期限内保持不变，它确定了美元的黄金价值。[9]

又如1981年货币动荡之前时期艾伦·格林斯潘在《华尔街日报》上撰文所称的：

过去几年，对于重返一个以黄金为基础的货币体系的愿望，被认为是对一个时间过得更简单、问题不那么复杂，以及世界不存在核毁灭威胁的时代的怀旧。但是，经历10年破坏性的通货膨胀和经济停滞后，恢复金本位制已成为经济政策议程上不断彰显的议题。[10]

格林斯潘提议，可以把现在或可称之为“谢尔顿债券”（Shelton bonds）的发行，当作通向未来的过渡工具。“恢复长期财政自信的成功程度，”他认为，“将清楚地体现在相同期限的黄金和法定美元义务之间的收益率价差上。”他以不无乐观的注解断言：“完全可兑换性要求所有不同期限的收益率价差几近消失。”

作为美联储主席，格林斯潘后来成了管理美联储垄断货币的一流大师。在他后来的著作中，他表达了许多针对中央银行性质和角色的遗憾和担忧。但是，在一个新的货币动荡年代，谢尔顿债券仍然具有吸引力：“一项包含维持美元以不变购买力计的价值承诺的政策工具，可以充当美联储最终退出漫长的大规模量化宽松业务之可信度的晴雨表。”

正如通过网络得到扩散的比特币区块链创新，借款人同样可以发行以比特币支付的债券。由于黄金和数字货币的价格聚敛于它们共同的时间基础，这些健全货币最终将能拯救美元和全球经济。

基于黄金和区块链创新的新体系，有望发展出一套新的世界货币基础设施。根植于时间、受熵所支配、本质上稀缺且总是可靠的未来货币，将能促成一个真正的全球知识型和学习型经济。新全球货币源于构成了美国创业活动基础的相同的信息论，它能够扩展关于稳定和未来的美国梦。

佯装成经济向导的绝望的“先知者”，并没有给出一个最终的定论。我们这里也没有定论。但是，通过恢复健全货币，我们就能重新把握硅谷和华尔街的未来。再次打开机会之窗，我们就能从垄断货币的威胁中拯救主街，超越经济学这门关于停滞和萧条的沉闷科学，进而重拾美国使命和美国梦。

致 谢

本书源自我担任美国原则项目（American Principles Project）研究员时写的一篇专论，是我为该项目研究货币问题的延续，该研究得到了肖恩·费勒（Sean Fieler）、玛吉·加拉格尔（Maggie Gallagher）和理查德·维吉兰特耐心且富有洞见的指导。本书相关理论基于我在《知识与权力》一书中所阐述的资本主义信息论，形成和完善于我在西雅图发现研究所（Discovery Institute in Seattle）将近 20 年对信息论所开展的研究，我也是该研究所的创始会员。莱格尼里出版社（Regnery publishing）的编辑汤姆·斯宾塞（Tom Spence），帮助我把相对凌乱的手稿整理成了目前读者读到的简练清爽的作品。

关键术语

（这里列出一个打乱顺序的关于反直觉真理的词汇表）

垄断货币

指通过非针对主权货币的管制或税收，将所有的竞争性货币限定在其自身领域的，由主权国家发行的货币。美国和世界其他国家都实行垄断货币。《通往奴役之路》（*The Road to Serfdom*）一书的作者弗里德里希·哈耶克称，“一切货币罪恶的来源和根源都是政府对货币发行的垄断和对货币的控制”。同绝大多数国有垄断企业一样，货币垄断满足了政客而非企业家、权力而非知识、旧财富而非新思想的利益。黄金和比特币是垄断货币的主要替代物。

金融肥大症

指金融增长超过了以其作为媒介的商业贸易的增长速度。例如，国际外汇交易规模比全球商品和服务贸易总额的73倍还多，据估计，它大概相当于全球所有股市交易量的100倍。石油期货交易在近30年间增长了100倍，从1984年占石油产量的10%，上升至2015年是石油产量的10倍。目前，房地产衍生品的规模相当于全球GDP的9倍。这显然不是资本主义，而是金融肥大。

信息论

以克劳德·香农和艾伦·图灵的数学理论为基础的一门不断发展的学科，它把人类的创造和通信描述为信息穿越信道的传输过程，不管这种信道是一条线还是整个世界。信息量的衡量标准是其传递的“消息”（news）或惊奇，后者通过熵定义并最终构成了知识。

熵的高低取决于信息发送者的选择自由度。可得的字母符号越多，也就是说，可能的信息组合越大，信息编码者的选择空间就越大，信息的熵和信息量也就越高。

因为人类的创造和通信可以是商业计划或试验，信息论为一个并非由均衡或秩序驱动，而是由可证伪的创业惊奇驱动的经济奠定了基础。

信息论使我们的数字世界成为可能，并且为我们描述了这样的一个世界。

噪声

指由信道造成的内容失真。一则高熵（充满惊奇）的信息需要一条低熵（不包含惊奇）的信道。信号中的惊奇构成了信息，信道中的惊奇则构成了噪声。

财富

指经过验证的知识。物理定律表明物质是守恒的，即物质资源自石器时代以来从未改变。一切持久的经济进步都来自通过“学习”获得的知识增长。

经济增长

指经过可证伪性或可能的破产验证的“学习效应”。这种对经济增长的理解源于卡尔·波普尔的洞见，波普尔认为一个科学命题必须具备可证伪的或可驳倒的结构。政府担保会阻碍学习效应，进而损害经济增长。

所有不断扩张的企业和行业都遵循一条“学习曲线”，根据学习曲线，商品和服务的销售总量每增长一倍，其成本将下降20%~30%。经典的学习曲线有硅谷的摩尔定律和网络领域的梅特卡夫定律。雷蒙德·库兹韦尔（Raymond Kurzweil）将其概括为“加速循环规则”（law of accelerating returns）。现在，摩尔定律主要依赖于其他的创新矢量，例如并行处理、多线程方法、低电压和三维芯片结构等。摩尔定律已成为信息论的一条重要原理。

摩尔定律

即计算机产业的成本效益每隔两年就会翻一番。这个速度与晶体管产量更快的增长速度紧密呼应，它意味着存在一条学习曲线。摩尔定律由英特尔公司创始人之一戈登·摩尔（Gordon Moore）提出，受到了加州理工学院教授卡福·米德（Carver Mead）研究的启发，它最早是以一块硅芯片上的晶体管密度每隔两年就会翻倍这一思想为基础的。

梅特卡夫定律

即网络的价值和能量将以网络所连接的兼容节点数的平方增长。该定律根据以太网（Ethernet）的共同发明者罗伯特·梅特卡夫（Robert Metcalfe）的名字命名，它是一个很粗略的指标且深刻违反人们的直觉。（称网络的价值相当于其 60 亿台连接设备的平方，无疑是荒谬的。）但是，该定律适用于较小的网络，它能够解释脸谱网、苹果、谷歌和亚马逊等公司的价值创造矢量，这些公司现在极大地影响着美国股市市值。梅特卡夫定律也许能较好地预测新数字货币的前景，并最终确保网络软件堆栈成功产生出一种新交易层。

华尔街

包括从投行到保险公司、从信用卡供应商到发薪日贷款机构、从经纪人到对冲基金在内的，美国金融业的象征。今天，华尔街正在吞食金融肥大的苦果。理想状态下，金融通过利率起到充当跨时间交易媒介的作用，并通过汇率起到充当跨空间交易媒介的作用。但如今，这两大功能都因政府的操控而遭到了扭曲。它们面临着黄金、网络软件堆栈新交易层以及新加密区块链货币等去媒介化（disintermediation）载体的冲击。在金融肥大过程中，华尔街因美联储创造的垄断货币而不断膨胀，并且通过银行与美国财政部走得越来越近，自然也就和主街越走越远。

主街

以和华尔街热衷于金钱的封闭圈子保持距离的，按小时或按月付薪工人为主体的，实体经济的象征。主街是本地经济和就业的核心位置所在，它也可能是你所居住的地区。

硅谷

高科技创业型经济的象征，集中在加利福尼亚州旧金山湾区的圣克拉拉县，极大地受支助于帕洛阿尔托和门洛帕克（Menlo Park）沙丘路的风险投资公司。高科技经济越来越多地以信息论为基础，信息论支配着通信和计算机信息处理技术，特别是软件技术的基础设施架构。硅谷通过提供新技术，来维持主街和华尔街的繁荣发展。通过华尔街，硅谷为主街提供了分享世界经济中新崛起行业股东收益的机会。

近些年来，硅谷一直饱受金融肥大的困扰，因垄断货币而变得臃肿不堪，并且被华尔街和华盛顿之间的轴心关系严重扭曲。正如华尔街一样，硅谷已经撇开了主街，后者一直受其缺乏想象力的基于时间的补偿和盲目的指数基金投资所困。

沙丘路

加州风险资本家及其“独角兽公司”密集所在的林荫大道区，从靠近斯坦福大学的卡米诺实（Camino Real）一直延伸至280号州际公路，再接入伍德赛德（Woodside）和硅谷的财富聚集区。

扩张性的财政和货币政策

中央银行通过抛售政府债券弥补其预算赤子，并以此刺激经济活动的举措。凯恩斯主义者认为，抛售债券为政府增加支出创造了条件，进而产生了财政刺激。

另一方面，货币主义者认为，为了刺激经济活动，央行应该创造新的货币并用来购买政府债券，这些货币据称会被投入经济体中。但是，这些新创造出来的货币却流向了已经持有债券者（主要是银行）的手上，近年来，它们拿这些资金从财政部那里购买了更多的债券。因此，凯恩斯主义和货币主义在扩大政府的支出能力上是一致的。

在信息经济中，这两种措施都企图利用政府的力量迫使经济实现增长。但是，经济增长却是“学习效应”的累积（经过验证的知识的积累），它不是一个被动的强迫过程。

健全货币

一种计量尺度和价值度量标准，反映了时间的稀缺性和不可逆流逝。它基于熵，均匀分布，以光速和寿命的物理限制为基础。从这个意义上说，比特币和黄金都是健全货币，垄断货币则不是。

比特币区块链

一种以网络分类账的广泛发布和分散化为基础的安全交易方法。它迥异于目前通行的以保密和集中化为基础的信用卡系统，该系统须借助于防护网络和存满交易者个人信息的防火墙数据中心。

公开的交易分类账被收集在大致每隔 10 分钟更新一次的区块中，从当前区块开始，可以往前回溯至比特币的匿名发明者中田聪建立的“创世区块”。当至少一半的比特币节点参与者——“矿工”（miners）——通过从创世区块起的所有之前区块精确地散列某一区块时，该区块才能被确认。因此，为了变更或取消一笔交易，系统中必须有一半以上的电脑“同意”重算和重新记录自创世区块以来的所有交易。

比特币被用来评估基于某一区块生效所需时间的交易的价值。因此，比特币并不是真实的硬币，而是那些将被永久记录在区块链上的交易的度量标准或测量尺度。

区块链

一个类似于房地产地籍的数据库，范围可扩展至项目、条约、专利、许可证或其他永久性的记录。从序列起源开始，所有区块都被精确地散列在一起，记录内容则公开分布在分散化的网络节点上。

黄金

一种经受过几个世纪考验的货币元素。因为黄金是一种有用的商品，它通常被看成是货币：美观、晶莹、可分割、便于携带、稀缺，而且可以制作成珠宝。但事实上，黄金只是一种货币元素，因为它不具备有用性。货币并非因为它事实上是珠宝而有价值，珠宝却因为它事实上是货币而有价值。黄金是一种价值度量标准，它依据于提取额外一盎司黄金所需花费的时间，这一时间几个世纪以来变化不大，因为从更深和更贫瘠的矿脉中采掘黄金已变得越来越困难。

香农熵

指由令人惊异的、出人意料的比特或“消息”度量的信息量。和人们的直觉相反，使人惊奇的信息是一种混乱。信息符号是有序的，晶体是有序的，雪花也是有序的。《哈姆雷特》(*Hamlet*)和谷歌则相当于完美的、无序的信息符号，它们传递着使人惊奇的信息。

物理熵（或玻尔兹曼熵）

即混乱。在一个被冷热实体分开的系统中，玻尔兹曼熵从零值开始，此时我们最了解该系统的分子排序；当冷热实体的分子完全合并时，该系统的熵达到了最大值，此时我们对该系统的了解最少。据此，玻尔兹曼通过丢失的信息，或关于分子安排的不确定性确定了熵，从而为香农和信息论开辟了道路。

虽然玻尔兹曼方程和香农方程很相似，但是玻尔兹曼熵是自然对数 e 的模拟，且受自然对数支配，而香农熵则是以 2 为底的对数的数字计算。

哥德尔不完全性定理

每一个逻辑体系都需依赖于系统外部的命题，它们不能在该系统内部得到证实。约翰 · 冯 · 诺依曼是第一个赏识和宣扬库尔特 · 哥德尔在 1931 年的论文中提出的，“数学陈述可以成立但却无法证明”这一思想之重要性的人。

正如冯 · 诺依曼理解的，哥德尔的证明需依靠他所发明的数学“机器”，该机器用数字为定理进行编码，并用数字来证明定理。这一发明被冯 · 诺依曼和艾伦 · 图灵借鉴吸收，它开启了计算机技术和信息论，并且使互联网和区块链的发展成为可能。

注 释

序言 赢得辩论

1. Robert L. Bartley, *The Seven Fat Years, and How to Do It Again* (New York, NY: The Free Press, 1992).
2. Robert J. Samuelson, "The Startup Slump," *Washington Post*, December 22, 2015. Citing a National Bureau of Economic Research paper, Samuelson reports a "double-whammy": a 37 percent decline in the proportion of start-ups—from 13 percent of all firms in the late 1980s to 8 percent in 2011—and a decline in their rate of growth to a level below the growth rate of older companies, which in turn have slowed their investment in new plants and equipment. He concludes, "Compared to the past, companies seem more reluctant to invest in the future."
3. Nassim Nicholas Taleb and Mark Spitznagel, in a blog post at CNN's *Global Public Square* from October 2012, estimate that

$2.2 trillion was paid to bankers, chiefly in bonuses, in the United States alone between June 2000 and June 2007, and they project the total to rise to (very roughly) $5 trillion over the course of the decade. "Bankers used leverage to increase profitability and exploited the backstop of public guarantees. The profits largely flow to the employees [i.e., the bankers], while the losses are defrayed by the taxpayers and shareholders and even retirees (through artificially low interest rates). The Fed also provided $1.2 trillion in loans to banks (mostly secret at the time)."

4. Carmen M. Reinhart and Kenneth Rogoff, *This Time Is Different: Eight Centuries of Financial Folly* (Princeton, NJ: Princeton University Press, 2011).
5. Mark Skousen, *Vienna & Chicago, Friends or Foes? A Tale of Two Schools of Free-Market Economics* (Washington, DC: Capital Press, 2005). Skousen superbly covers the canonical sources of Austrian and Chicago economic thought. See also Robert P. Murphy and Donald J. Boudreaux, *Choice: Cooperation, Enterprise and Human Action* (Oakland, CA: Independent Institute, 2015). For the definitive texts, see Ludwig von Mises, *Human Action*, and Friedrich Hayek, *The Road to Serfdom*, both available in many editions.
6. Daniel Kahneman, *Thinking, Fast and Slow* (New York, NY: Farrar, Straus and Giroux, 2011). The Israeli cognitive psychologist Amos Tversky was his collaborator.

第 1 章　美国梦与美元

1. Louis Simpson, "In California," in *The Owner of the House: New Collected Poems, 1940–2001* (Rochester, NY: BOA Editions, 2003), 173.

2. "There was virtually no growth before 1750, and thus there is no guarantee that growth will continue indefinitely. Rather, the paper suggests that the rapid progress made over the past 250 years could well turn out to be a unique episode in human history." Robert J. Gordon, "Is U.S. Economic Growth Over? Faltering Innovation Confronts the Six Headwinds," working paper no. 18315, National Bureau of Economic Research, August 2012. In early 2016, Gordon expanded these themes into a widely touted and conscientious tome, *The Rise and Fall of American Growth: The U.S. Standard of Living Since the Civil War* (Princeton, NJ: Princeton University Press, 2016). Though full of intriguing insights, it finally founders on its mostly academic sources and becomes merely the most definitively and exhaustively mounted alibi for socialist slowdown. It frets about "inequality," "global warming," and other facets of spurious conventional wisdom, but fails to ascribe any role to monopoly money or to luddite control of the government and the academy.
3. Lawrence Summers, "Reflections on the Productivity Slowdown," keynote address, Peterson Institute for International Economics, Washington, DC, November 16, 2015. Summers here offers second thoughts about his earlier endorsement of the "secular stagnation" thesis. Now he asks how skilled labor and new technology could be displacing so many workers if productivity were not increasing. He also asked his audience how many would trade their healthcare in 2015 for the allegedly much cheaper healthcare in 1950. Since everyone refused the offer, Summers concludes that, adjusted for quality, healthcare has not risen in price. Thus productivity in healthcare has improved far more than the measured gains. See also Bret Swanson, "Moore's Law and the Productivity Paradox,"

AEIdeas (blog), November 25, 2015, https://www.aei.org/publication/moores-law-and-the-productivity-paradox/.

4. Thomas Piketty, *Capital in the Twenty-First Century* (Cambridge, MA: Harvard University, Belknap Press, 2014).
5. Ta-Nehisi Coates, *Between the World and Me* (New York, NY: Spiegel and Grau, 2015). See also Kyle Smith, "The Hard Untruths of Ta-Nehisi Coates: A Bestselling Polemic Riven with Hatred Thrills the Liberal Elite," *Commentary*, October 2015, pp. 20–25.
6. Yuval Levin, "The Mobility Crisis," *Commentary*, March 2015, pp. 12–20.
7. Kwasi Kwarteng, *War and Gold: A 500-Year History of Empires, Adventures, and Debt* (New York, NY: PublicAffairs, 2014), 219–20.
8. Peter Thiel with Blake Masters, *Zero to One: Notes on Startups, or How to Build the Future* (New York, NY: Crown Business, 2014), 5–11 and passim.

第 2 章　公平在先，增长在后

1. George Gilder, *Knowledge and Power: The Information Theory of Capitalism and How It Is Revolutionizing Our World* (Washington, DC: Regnery Publishing, 2013). See also Cesar Hidalgo, *Why Information Grows: The Evolution of Order from Atoms to Economics* (New York, NY: Basic Books, 2015). The MIT scholar offers a similar information theory of capitalism, with many ingenious refinements, that nonetheless goes astray from my point of view by identifying information with order. So does Matt Ridley, *The Evolution of Everything: How New Ideas Emerge* (New York, NY: HarperCollins, 2015). These brilliant men, ready to grasp ideas with prehensile mastery, come a cropper on the

counterintuitive findings of information theory. Information is not order but its opposite. Order is the low-entropy carrier that makes it possible to identify information (and complexity) as disorder. Both Hidalgo and Ridley imagine that there is a conflict between evolution and the second law of thermodynamics, the entropy law. But both complex systems and entropy represent surprising deformations of order.

2. "Costs and the Experience Curve, Why Costs Go Down Forever," chapter 2 of Bruce D. Henderson, *The Logic of Business Strategy* (Cambridge, MA: Ballinger Publishing, 1984), 47ff.
3. "The Six Epochs" and "The Law of Accelerating Returns," chapters 1 and 2 of Ray Kurzweil, *The Singularity Is Near* (New York, NY: Viking, 2005), 7–34.
4. William D. Nordhaus, "Do Real-Output and Real-Wage Measures Capture Reality? The History of Lighting Suggests Not," Cowles Foundation for Research in Economics at Yale University, 1998. This epochal paper was delivered first to the National Bureau of Economic Research in 1993. I first encountered it in David Warsh's definitive *Knowledge and the Wealth of Nations* (New York, NY: W. W. Norton, 2007), 336.
5. Nicholas Eberstadt, "How the World Is Becoming More Equal," *Wall Street Journal*, August 26, 2014. Eberstadt documents that globally life spans have never been so long and evenly distributed, with even China now reaching an average of longer than seventy years.
6. Thomas Sowell, "Income Distribution," *The Thomas Sowell Reader* (New York, NY: Basic Books, 2011), 98–107.
7. Charles Gave, "Of Wicksell and Fed Fallacies," Gavekal Research, September 4, 2014, p. 4.

第 3 章　弗里德曼与货币之谜

1. Ronald I. McKinnon, *Money and Capital in Economic Development* (Washington, DC: Brookings Institution, 1973).
2. Milton Friedman, *Capitalism and Freedom* (Chicago, IL: University of Chicago Press, 1962); and Friedman, *Free to Choose* (New York, NY: Harcourt, 1980).
3. Economists tend to restrict velocity to GDP over the money supply, as if the public only contributed to "demand" by purchasing final products in GDP. But the public can also invest, speculate, or collect, and these actions are if anything more significant than mere spending.
4. "Gross Output provides an important new perspective on the economy; and one that is closer to the way many businesses see themselves," says Steve Landefeld, director of the Bureau of Economic Analysis. The government began releasing this statistic in the spring of 2014. GDP measures the "use" economy, final goods and services, from grande lattes to automobiles to residential housing. GO includes the "make" economy—all the intermediate production of components and commodities that preceded the final sale. Although GO may seem to double count, adding the steel and plastic in the car to the final sale of the automobile, GDP arbitrarily treats human beings merely as final consumers of goods like food and fuel. Their more important role in the economy is as workers and producers using food and fuel to sustain themselves as producers of new goods and services, knowledge and learning.
5. "Monetary Rules Work and Discretion Doesn't," chapter 1 in John B. Taylor, *First Principles: Five Keys to Restoring America's Prosperity* (New York, NY: W. W. Norton, 2012).
6. Ramesh Ponnuru and David Beckworth, "The Right Goal for Central Banks," *National Review*, June 11, 2012, p. 36.

7. "Should We Worry about US Velocity?," chapter 9 in Louis-Vincent Gave, *Too Different for Comfort* (Hong Kong: Gavekal Books, 2014). See also Charles Gave, "A Fisherian Take on Velocity," Gavekal Research, October 11, 2013.
8. Louis-Vincent Gave, *Too Different for Comfort*, 49.
9. Lewis Lehrman, "Jacques Rueff, the Age of Inflation, and the True Gold Standard," speech, Assemble Nationale, November 7, 1996. See also Lehrman, *Money, Gold and History* (New York, NY: Lehrman Institute, 2013), 147. Lehrman has been the single most persistent and resourceful advocate of what he terms the "true gold standard" in his book by that name: *True Gold Standard* (New York, NY: Lehrman Institute, 2012). He quotes Keynes, who in 1922 declared: "If the gold standard could be reintroduced...we all believe that the reform would promote trade and production like nothing else, but also stimulate international credit and transfers of capital to where they are the most useful. One of the greatest elements of uncertainty would be suppressed."
10. Milton Friedman, interview in the *Financial Times*, San Francisco, CA, June 28, 2003.

第 4 章 当下的挑战

1. David Stockman, "The Great China Ponzi—an Economic and Financial Trainwreck Which Will Rattle the World," David Stockman's Contra Corner, August 16, 2015, http://davidstockmanscontracorner.com/the-great-china-ponzi-an-economic-and-financial-trainwreck-which-will-rattle-the-world/; and Stockman, "China's Monumental Ponzi: Here's How It Unravels," David Stockman's Contra Corner, March 31, 2014, http://davidstockmanscontracorner.com/chinas-monumental-ponzi-heres-how-it-unravels/.

2. George Gilder, "Let a Billion Flowers Bloom," in David Boaz, ed., *Toward Liberty: The Idea That Is Changing the World* (Washington, DC: Cato Institute, 2002), 180–81.
3. Purchasing power parity calculations, widely criticized as inaccurate, showed China as the largest economy in 2014, though by per capita standards the United States remained more than 40 percent ahead in 2015. In a world with no reliable monetary standard, purchasing power parity is the only way to compare different economies. Economists evidently agree that currency prices fail to gauge actual values.
4. These statistics comparing foreign exchange market (forex) trading with total stock market and goods and services trade are calculated from the total of daily foreign exchange transactions published every three years by the Bank for International Settlements (BIS). This number is then compared to global international stock market trading and goods and services trade divided by the number of days. Kenichi Ohmae of McKinsey & Company wrote a book titled *The Borderless World* (New York, NY: HarperCollins, 1990) at a time when trading volume was $600 billion a *day*, compared with related goods and services trade of $600 billion *yearly*: "No one can argue that FX trading is still a mere adjunct to other forms of economic activity. It is an end in itself."
5. "Twenty First Century Capitalism," chapter 17 in Nathan K. Lewis, *Gold: The Monetary Polaris* (New Berlin, NY: Canyon Maple Publishing, 2013), 271–80.
6. "Estimates by several analysts show that China's gold imports are heading for an annual total of close to 2,100 tonnes" compared to previous leader India's 1000 tons. Taki Tsaklanos, "China and India Hoarding Massive Amounts of Gold," *Financial Sense*, January 18, 2015.

7. Stockman, "The Great China Ponzi."
8. Charles Gave et al., *Our Brave New World* (Hong Kong: Gavekal Research, 2005), 74 and passim. Since 2005, Chinese urban incomes have soared again.

第 5 章 劣币的高昂成本

1. Peter Schiff, *The Real Crash: America's Coming Bankruptcy* (New York, NY: St. Martin's Press, 2012).
2. Eswar S. Prasad, *The Dollar Trap: How the U.S. Dollar Tightened Its Grip on Global Finance* (Princeton, NJ: Princeton University Press, 2014), 18 and passim.
3. Paul Krugman, *End This Depression Now* (New York, NY: W. W. Norton, 2012).
4. Ibid.
5. Ibid.
6. Robert J. Gordon, "Is U.S. Economic Growth Over? Faltering Innovation Confronts the Six Headwinds," working paper no. 18315, National Bureau of Economic Research, August 2012. See also Lawrence Summers, "U.S. Economic Prospects: Secular Stagnation, Hysteresis, and the Zero Lower Bound," keynote address, National Association of Business Economists' Policy Conference, February 24, 2014, which focuses on the impotence of expansionary monetary policy when interest rates approach zero.
7. Peter Thiel with Blake Masters, *Zero to One: Notes on Startups, or How to Build the Future* (New York, NY: Crown Business, 2014), 193. For my time-sensitive money, this is the most original and interesting book ever written on business strategy. (Its chief rival is the more technical *Innovators' Dilemma* by Clayton Christensen.)

8. Nassim Nicholas Taleb and Mark Spitznagel, "The Great Bank Robbery," *Global Public Square*, CNN, October 2011.
9. David Malpass, speech to the Needham Growth Conference, New York, January 15, 2015. As Malpass points out, zero interest rates mean free money, and "when anything is free it is allocated by queue and only the privileged folk at the front of the line get any."
10. Charles Gave, "Poverty Matters for Capitalists," GavekalDragonomics (Hong Kong: Gavekal Global Research, July 9, 2014), 1–6.

第 6 章　信息论中的货币

1. Michael Lewis, *Flash Boys: A Wall Street Revolt* (New York, NY: W. W. Norton, 2014).
2. Sir John Craig, *The Mint* (Cambridge: Cambridge University Press, 1953), 198 and passim.
3. Nick Gillespie, "FreedomFest Interview with George Gilder," *ReasonTV*, August 12, 2014.
4. These themes are the subject of *Knowledge and Power: The Information Theory of Capitalism and How It Is Revolutionizing Our World* (Washington, DC: Regnery, 2013).
5. Kwasi Kwarteng, *War and Gold: A 500-Year History of Empires, Adventures, and Debt* (New York, NY: PublicAffairs, 2014), 361–62.
6. "The World's Experience with Gold Standard Systems," chapter 5 in Nathan K. Lewis, *Gold: The Monetary Polaris* (New Berlin, NY: Canyon Maple Publishing, 2013).
7. "How We Got Here," chapter 1 in Steve Forbes and Elizabeth Ames, *Money: How the Destruction of the Dollar Threatens the Global Economy—and What We Can Do about It* (New York, NY: McGraw Hill, 2014), 7–24.
8. Lewis, *Gold.*

9. Takashi Kiuchi, *The Terra TRC White Paper*, originally published February 27, 2004, and subsequently updated. These numbers are tabulated every three years by the Bank for International Settlements.
10. IDC Financial Insights, *Worldwide Banking IT Spending Guide* (Farmingham, MA: IDC Corporate USA).
11. "The United States' Experience with Gold Standard Systems," chapter 3 in Lewis, *Gold*, 64–85.

第 7 章 比特币的经验教训

1. "Twenty-First Century Capitalism," chapter 17 in Nathan K. Lewis, *Gold: The Monetary Polaris* (New Berlin, NY: Canyon Maple Publishing, 2013), 271–80.
2. "E-Commerce Speeds Up, Hits Record High Share of Retail Sales," *MarketWatch* (blog), August 15, 2014, http://blogs.marketwatch.com/capitolreport/2014/08/15/e-commerce-speeds-up-hits-record-high-share-of-retail-sales/.
3. Susan Vranica, "The Secret about On-Line Ad Traffic, One-Third is Bogus," *Wall Street Journal*, March 23, 2014, http://www.wsj.com/articles/SB1000142405270230402630457945325386078362.
4. Nick Szabo, "Macroscale Replicator," October 19, 1995.
5. Szabo's blog, *Unenumerated*, is published online by Forbes.com. All the quotations here are from the *Unenumerated* archive.
6. Richard Vigilante, personal communication.

第 8 章 "哈耶克币"存在的问题

1. Ferdinando M. Ametrano, "Hayek Money: The Cryptocurrency Price Stability Solution," Social Science Research Network, revised July 5, 2015, http://ssrn.com/abstract=2425270, 54. Ametrano's paper was shortlisted as a finalist for the Blockchain Awards,

category Visionary Academic Paper, at the Bitcoin Foundation Conference 2014, but it lost to Nakamoto's original breakthrough paper.

2. Ibid., 5–6.
3. Ibid., 10.
4. Ibid., 20; and Friedrich A. Hayek, *Denationalization of Money—The Argument Refined*, 3rd ed. (London: The Institute of Economic Affairs, 1990).
5. Ametrano, "Hayek Money," 20.
6. Ametrano, presentation to the Central Bank of Italy, June 9, 2014.
7. George Gilder, *Telecosm: The World after Bandwidth Abundance* (New York, NY: Simon & Schuster, 2002).
8. Board of Governors of the Federal Reserve System, "Current FAQs: Informing the Public about the Federal Reserve," http://www.federalreserve.gov/faqs/faq.htm.
9. Richard Vigilante, personal communication.
10. Hayek, "A Free-Market Monetary System," lecture at the Gold and Monetary Conference, New Orleans, LA, November 10, 1977, *Journal of Libertarian Studies* 3, no. 1.
11. Satoshi Nakamoto, "Bitcoin: A Peer-to-Peer Electronic Cash System," Bitcoin.org, 2008.
12. George Sammon, speech to CoinAgenda, Las Vegas, October 2014.

第 9 章　皮凯蒂－特纳命题

1. Thomas Piketty, *Capital in the Twenty-First Century* (Cambridge, MA: Harvard University, Belknap Press, 2014).
2. "The Scandal of Money," chapter 12 in George Gilder, *Knowledge and Power: The Information Theory of Capitalism and How It Is Revolutionizing Our World* (Washington, DC: Regnery Publishing, 2013), 113–23.

3. Adair Turner, *Between Debt and the Devil: Money, Credit, and Fixing Global Finance* (Princeton, NJ: Princeton University Press, 2016).
4. Joseph E. Stiglitz, *Globalization and Its Discontents* (New York, NY: W. W. Norton, 2002); and Paul Krugman, *The Return of Depression Economics and the Crisis of 2008* (New York, NY: W. W. Norton, 2013).
5. "I don't particularly feel like defending currency speculation. I consider it a necessary evil. *I think it is better than currency restrictions, but a unified currency would be even better* [my italics].... When speculators profit, the authorities have failed in some way or another. But they don't like to admit failure; they would rather call for speculators to be hung from lampposts than to engage in a little bit of soul searching to see what they did wrong." George Soros, *Soros on Soros: Staying Ahead of the Curve* (New York, NY: John Wiley & Sons, 1995).
6. Turner, *Between Debt and the Devil*, 19–20.
7. Henry George, *Progress and Poverty*: *An Inquiry into the Cause of Industrial Depressions and of Increase of Want with Increase of Wealth...The Remedy* (New York, NY: Robert Schalkenbach Foundation, 1979).
8. Turner, *Between Debt and the Devil*, 73, 176, 180.

第 10 章 金融肥大症

1. Ronald McKinnon, *Money in International Exchange: The Convertible Currency System* (New York, NY: Oxford University Press, 1979), 3 and passim. Writing in 1978, just seven years after Nixon rescinded Bretton Woods, the Stanford economist showed that various currency cocktails, such as the International Monetary Fund's then-heralded "special drawing rights," could not address

any real monetary problems and that commodity baskets (whether "full bodied" or fractionally reserved) would serve no purpose either, despite their cumbersome and costly practicalities. He demonstrated convincingly that gold and the dollar are the real alternatives.

I emerged from this definitive early text with the belief that control of money as a key facet of sovereignty is a treacherous temptation, since "monetary policies" by definition create "noise" in the market. They use distortions of currency as a unit of account in order to hedge, spur, subsidize, or channel economic activity in directions favored by the government and banking sectors.

2. Commodity HQ, "Top 7 Buffett Quotes on Gold Investing," Minyanville, October 3, 2012, http://www.minyanville.com/trading-and-investing/commodities/articles/Warren-Buffett-brka-gold-investing-investing/10/3/2012/id/44617.
3. Christopher Shea, "Survey: No Support for Gold Standard among Top Economists," *Ideas Market* (blog), *Wall Street Journal*, January 23, 2012, http://blogs.wsj.com/ideas-market/2012/01/23/survey-no-support-for-gold-standard-among-top-economists/.
4. Milton Friedman and Anna Jacobson Schwartz, *A Monetary History of the United States, 1867–1960* (Princeton, NJ: Princeton University Press, 1963). See also "Reflections on a Monetary History," in *The Indispensable Milton Friedman: Essays on Politics and Economics*, Lanny Ebenstein, ed. (Washington, DC: Regnery, 2012), 229–32.
5. Ben Bernanke and Harold James, "The Gold Standard, Deflation, and Financial Crisis in the Great Depression: An International Comparison," in *Financial Markets and Financial Crises*, R. Glenn Hubbard, ed. (Chicago, IL: University of Chicago Press, 1991), 33–68.

6. Walter B. Wriston, *The Twilight of Sovereignty: How the Information Revolution Is Transforming Our World* (New York, NY: Scribner, 1992; Replica Books, Lord and Taylor, Bridgewater, NJ: 1997), 9, 59–62, and passim. Wriston beat Thomas Friedman to all the crucial insights of *The World Is Flat* by fifteen years.
7. Ibid., 9.
8. "OTC Foreign Exchange Turnover by Instrument, Counterparty and Currency in April 2013, 'Net-Net' Basis, Total Reported Transactions in All Currencies," in Bank for International Settlements, *Triennial Central Bank Survey: Global Foreign Exchange Market Turnover in 2013* (Switzerland: 2014).
9. Eric Janszen, *The Postcatastrophe Economy: Rebuilding America and Avoiding the Next Bubble* (New York, NY: Portfolio, 2010), 36ff.

第 11 章 与华尔街不断疏离的主街

1. Robert J. Samuelson, "Obama's Economic Choices Leaving His Successor Horrible Hurdles," *Washington Post*, September 14, 2015.
2. Samuelson, "Remarkably, Fannie Mae and Freddie Mac's Importance Today Is Unparalleled," *Washington Post*, November 16, 2015.
3. "[W]e...describe the economy as the system by which people accumulate knowledge and knowhow to create packets of physical order, or products, that augment our capacity to accumulate more knowledge and knowhow.... The finiteness of human beings and of the networks we form limits our ability to accumulate and transmit knowledge and knowhow, leading to spatial accumulations...that result in global inequality.... Silicon Valley's knowledge and knowhow are not contained in a collection of perennially

unemployed experts but rather in the experts working in firms that participate in the design and development of software and hardware." Cesar Hidalgo, *Why Information Grows: The Evolution of Order, from Atoms to Economies* (New York, NY: Basic Books, 2015), 8, 142, and passim.

4. Charles Gave et al., *Our Brave New World* (Hong Kong: Gavekal Research, 2005) offers the definitive exposition of the rising role and dominance of the "platform company" model.
5. Nick Bilton, "Is Silicon Valley in Another Tech Bubble?," *Vanity Fair*, September 2015.
6. Marc A. Miles, "The Fed's Zero Interest Rate Policies Amount to a War on Jobs," *Forbes*, June 4, 2013, http://www.forbes.com/sites/realspin/2013/06/04/the-feds-zero-interest-rate-policies-amount-to-a-war-on-jobs/#2715e4857a0b72333a807421.
7. David Malpass, "Pro-Growth Tools for the Frozen Fed," *Wall Street Journal*, October 6, 2015.

第 12 章　华尔街出卖了它的灵魂

1. Mike Konczal, "The Devastating Lifelong Consequences of Student Debt," *New Republic*, June 24, 2014. See also Bill Walton, *On Common Ground*, interview with George Gilder.
2. Peter Thiel with Blake Masters, *Zero to One: Notes on Startups, or How to Build the Future* (New York, NY: Crown Business, 2014), 89–90; and George Gilder, *Knowledge and Power: The Information Theory of Capitalism and How It Is Revolutionizing Our World* (Washington, DC: Regnery Publishing, 2013), 29–33. The figures on jobs contribution from venture capital vary from 11 percent to 17 percent, but since the epochs of slavery and socialism all jobs have stemmed from the process of knowledge accumulation and learning, which is the focus of venture investment.

3. Charles Gave, "Indexation=Parasitism," GavekalDragonomics (Hong Kong: Gavekal Research, July 15, 2014), 1.
4. John C. Bogle, *The Clash of Cultures: Investment vs. Speculation* (New York, NY: John Wiley and Sons, 2012). Bogle astonishingly sees the culture of investment as index funds and the culture of speculation as actively managed capital.
5. Nassim Nicholas Taleb and Mark Spitznagel, blog post, *Global Public Square*, CNN, October 2012.
6. Ibid.
7. Robert Laughlin, *A Different Universe* (New York, NY: Basic Books, 2006).
8. Robert J. Gordon, *The Rise and Fall of American Growth: The U.S. Standard of Living since the Civil War* (Princeton, NJ: Princeton University Press, 2016).
9. Walter Bagehot, *Lombard Street: A Description of the Money Market* (London: Henry S. King, 1873), text available at the Library of Economics and Liberty, chapter I, paragraph 4 (http://www.econlib.org/library/Bagehot/bagLom1.html#).

第 13 章 时间的皱纹

1. Alan Turing, *Systems of Logic Based on Ordinals*, quoted in George Dyson, *Turing's Cathedral* (New York, NY: Pantheon Books, 2012), 252. See also Gregory J. Chaitin, *Thinking about Gödel and Turing: Essays on Complexity, 1970–2007* (Hackensack, NJ: World Scientific Publishing, 2007).
2. Ludwig von Mises as quoted in Israel M. Kirzner, *Ludwig von Mises* (Wilmington, DE: ISI Books, 2001), 72.
3. "Life's Irreducible Structure," chapter 14 in Michael Polanyi, *Knowing and Being: Essays by Michael Polanyi* (Chicago, IL: University of Chicago Press, 1969), 225–39.

4. Thomas Piketty, *Capital in the Twenty-First Century* (Cambridge, MA: Harvard University Press, 2014), 264 and *passim*.
5. Adolf Hitler, *Mein Kampf*, chapter 12, as examined in "The Economics of Hate," chapter 5 in George Gilder, *The Israel Test: Why the World's Most Besieged State Is a Beacon of Freedom and Hope for the World Economy* (New York, NY: Encounter Books, 2012), 63–71.
6. Sadi Carnot et al., *Reflections on the Motive Power of Fire* (New York, NY: John Wiley & Sons, 1897 edition), http://books.google.com/books?id=tgdJAAAAIAAJ.
7. Nicholas Georgescu-Roegen, *The Entropy Law and the Economic Process* (Cambridge, MA: Harvard University Press, 1971). The new Malthusians make the argument that the ecological costs of capitalism, measurable through the entropy law, nullify net profits and thus render the system "unsustainable."
8. Cesar Hidalgo's mostly definitive *Why Information Grows: The Evolution of Order, from Atoms to Economies* (New York, NY: Basic Books, 2015) presents Ludwig Boltzmann as an advocate of information as order. But information theory treats information as disorder—unexpected rather than predictable results, measured by entropy, which in the theories of both Boltzmann and Shannon is the opposite of order.
9. Hubert P. Yockey, *Information Theory, Evolution, and the Origin of Life* (Cambridge: Cambridge University Press, 2005), 166.
10. "The Knowledge Horizon," chapter 24 in Gilder, *Knowledge and Power: The Information Theory of Capitalism and How It Is Revolutionizing Our World* (Washington, DC: Regnery Publishing, 2013), 257–72.
11. Dennis W. Sciama, *The Unity of the Universe* (Garden City, NY: Doubleday Anchor Books, 1959).

12. Robert P. Crease, *World in the Balance: The Historic Quest for an Absolute System of Measurement* (New York, NY: W. W. Norton, 2011), 261–64.
13. Richard Vigilante, personal communication.

第 14 章　恢复健全货币

1. Friedrich Hayek, "Toward a Free Market Monetary System," in James A. Dorn and Anna J. Schwartz, eds., *The Search for Stable Money* (Chicago, IL: University of Chicago Press, 1987), 383.
2. Arnold Kling, "Turning Guns to Butter: How Postwar America Brought the Boys Home without Bringing the Economy Down," *Reason*, October 12, 2010. Kling's larger theory is expounded in his definitive *Unchecked and Unbalanced: How the Discrepancy between Knowledge and Power Caused the Financial Crisis and Threatens Democracy* (Lanham, MD: Rowman & Littlefield, 2010). See also Robert Higgs, "Regime Uncertainty: Why the Great Depression Lasted So Long and Why Prosperity Resumed after the War," *Independent Review*, no. 4 (1997): 561–90.
3. Ed Conway, *The Summit: Bretton Woods 1944: J. M. Keynes and the Reshaping of the Global Economy* (New York, NY: Pegasus Books, 2015), epilogue.
4. Maurice McTigue, "Rolling Back Government, Lessons from New Zealand," Hillsdale College *Imprimis* 33, no. 4 (April 2004).
5. George Gilder, *The Israel Test: Why the World's Most Besieged State Is a Beacon of Freedom and Hope for the World Economy* (New York, NY: Encounter Books, 2012).
6. Steve Forbes with Elizabeth Ames, *Reviving America: How Repealing Obamacare, Replacing the Tax Code, and Reforming the Fed will Restore Hope and Prosperity* (New York, NY: McGraw Hill Education, 2016), 124 and passim.

7. Metcalfe's Law ordains that the power and value of a network rises roughly by the square of the number of compatible devices linked to it.
8. Judy Shelton, *Fixing the Dollar Now: Why U.S. Money Lost Its Integrity and How We Can Restore It* (Washington, DC: Atlas Economic Research Foundation, 2011).
9. Ibid., 40–44.
10. Ibid., 48, citing Alan Greenspan, "Can the U.S. Return to a Gold Standard?," *Wall Street Journal*, September 1, 1981.